Unser Jahr

IN DER NATUR

Anna Biß ist Redakteurin und Sprachwissenschaftlerin. In dieses Buch hat sie all ihr Wissen aus vielen Jahren Kinderfragen-Beantworten beim Familienmagazin WARUM! (www.warum-magazin.de) gesteckt – und noch viel mehr! Sie lebt mit ihrem Mann und zwei kleinen Draußenkindern in einem großen Garten mit Haus inmitten von Schleswig-Holstein. Anna liebt die Natur, den Wind und die Wellen. Wenn sie nicht gerade zwischen Kindern und Schreibtisch umhertingelt, findet ihr sie vermutlich mit ihrer Familie am oder – mit irgendeiner Art von Surfbrett – auf dem Meer.

„Unser Jahr in der Natur“ ist nach „Warum der Ohrwurm einen Frosch im Hals hat“ (erschienen 2021) das zweite Buch, das die Autorin gemeinsam mit Illustrator Tim Möller-Kaya mit Leben gefüllt hat.

Tim Möller-Kaya wuchs in einem sehr kreativen Architektenhaushalt auf und verzierte schon als Kind die Wände mit Zeichnungen. Seine liebsten Motive waren „kleine Katastrophen“ wie beispielsweise Flugzeugabstürze. Wenn Tim nicht gerade einem Kinderbuch ein Gesicht gibt, illustriert er zum Beispiel für Magazine wie den Stern, den Spiegel oder essen & trinken. Er lebt mit seiner Frau und seiner Tochter in Hamburg. Für „Unser Jahr in der Natur“ hat der freie Illustrator viele Wochenenden durchgearbeitet, um dieses Mammutprojekt neben seinen anderen Jobs stemmen zu können.

Anna Biß · Tim Möller-Kaya

Unser Jahr
IN DER NATUR

Das große Jahreszeitenbuch für die ganze Familie

CARLSEN

Liebe Draußenkinder,

ihr haltet hier einen echten Wälzer in den Händen, der euch das ganze Jahr über auf euren Streifzügen durch die Natur und die Jahreszeiten begleiten soll!

Wissen – Spielen – Mitmachen, darum geht es in unserem Buch, ihr sollt damit also vor allem Spaß haben! Das Herzstück sind eure vielen Fragen, die wir nach bestem Wissen und Gewissen für euch beantwortet und illustriert haben.

Denn wie auch ihr wisst, liebe Eltern, stellt ein fünfjähriges Kind im Schnitt um die 500 Fragen am Tag (!). Und die Antwort auf die eine oder andere davon findet ihr sicher hier.

Bevor ihr jetzt alle zusammen nach draußen stürmt, möchte ich euch noch eine kleine Gebrauchsanweisung für unser Buch mit auf den Weg geben, damit ihr in der Unmenge der enthaltenen Informationen nicht untergeht:

Das große Jahreszeitenbuch richtet sich an die ganze Familie, vor allem aber an Kinder im Vor- und Grundschulalter. Es kann vor-, selbst oder gemeinsam gelesen werden. Alle Kinderfragen erkennt ihr am großgeschriebenen Fragewort (zum Beispiel WARUM). Im ersten hervorgehobenen Absatz gibt es die Antwort für Kindergartenkinder. Wer genug erfahren hat, kann danach also einfach aufhören zu lesen. Wer mehr wissen möchte, liest weiter!

Und nun wünsche ich euch viel Spaß beim gemeinsamen Entdecken, Erleben und Erfinden.

Eure Anna

Mitmachen

Bei diesem Symbol gibt es Spielideen, Rätsel, Bau- und Bastelanleitungen oder Rezepte für die ganze Familie.

Klimawandel

Heutzutage lässt sich kein Buch über Jahreszeiten schreiben, ohne den Klimawandel zu berücksichtigen. Weil sich die Jahreszeiten verschieben (siehe Seite 47), haben wir darauf verzichtet, sie strikt nach festen Zeiten einzuteilen.

Schon gewusst?!

Bei der Glühbirne findet ihr kuriose Fakten zum jeweiligen Thema – eignen sich super zum Angeben!

Für die Großen

Noch komplizierter wird es hier. Dieser Infokasten ist eher für ältere Kinder und Erwachsene bestimmt.

DIE WICHTIGSTE FRAGE VORWEG:

WARUM gibt es Jahreszeiten?

Die Erde wandert um die Sonne. Dafür braucht sie etwa ein Jahr. Wie lang Tag und Nacht sind, hängt davon ab, wie sie gerade zur Sonne steht. Mit der Tageslänge und der Sonnenscheindauer ändert sich das Wetter auf der Erde. Dadurch wechseln sich bei uns in einem Jahr vier Jahreszeiten ab.

Das liegt an der Schieflage der Erdachse (23,5 Grad), durch welche die Erde schräg zur Sonne steht. Dadurch verändert sich täglich sowohl die Sonnenscheindauer als auch der Winkel, in dem die Sonnenstrahlen auf die Erde treffen.

Je nachdem, aus welchem Winkel die Sonnenstrahlen auf die Erde treffen, ist es wärmer oder kälter. So ergeben sich sowohl bei uns auf der Nord- als auch auf der Südhalbkugel im Laufe eines Jahres vier verschiedene Jahreszeiten. Wäre die Erdachse gerade, gäbe es diese nicht.

Im HERBST steht die Sonne niedrig am Horizont. Ihre Strahlen treffen flacher auf unseren Standort und werden weiter gestreut. Das Sonnenlicht verteilt sich auf eine größere Fläche und ist dadurch nicht so intensiv. Die Nächte sind länger als die Tage.

Im SOMMER neigt sich die Nordhalbkugel der Sonne zu. Ihre Strahlen treffen steil und gebündelt auf die Erdoberfläche. Die intensive Strahlung sorgt zusammen mit den langen Tagen für warmes Wetter.

Im WINTER dreht sich die Nordhalbkugel aus dem Sonnenlicht heraus und es wird kalt. Die Natur stellt sich auf eine Ruhephase ein.

Im FRÜHLING wendet sich die Nordhalbkugel langsam der Sonne zu und die Tage werden länger als die Nächte. Knospen öffnen sich, Blätter und Blüten entfalten sich und die Pflanzen werden grün.

Endlich FRÜHLING!

Pflanzen im Frühling

Tiere im Frühling

Menschen im Frühling

Phänomene im Frühling

SOMMER *Sonne, See!*

Pflanzen im Sommer

Tiere im Sommer

Menschen im Sommer

Phänomene im Sommer

Goldener HERBST!

Pflanzen im Herbst

Tiere im Herbst

Menschen im Herbst

Phänomene im Herbst

Schöne WINTERZEIT!

Pflanzen im Winter

Tiere im Winter

Menschen im Winter

Phänomene im Winter

Endlich FRÜHLING!

Achtung: Die Kröten-Wanderung beginnt!

Im Garten fliegen die ersten Schmetterlinge.

MÄRZ

APRIL

Die Bäume erwachen. Wer jetzt leise ist, kann das sogar hören: Lauscht doch mal am Stamm – am besten wie ein Arzt oder eine Ärztin mit einem Stethoskop!

An Teich und See geben Frösche und Kröten vor allem nachts ein Quak-Konzert.

MAI

Während der Paarungszeit werben die Rammler, die männlichen Hasen, mit Bocksprüngen, Haken und Stupsern um ihre wählerischen „Bräute“.

Bei den Vögeln herrscht Hochbetrieb: Während die einen noch auf ihren Eiern sitzen, schlüpfen bei den anderen bereits die ersten Küken.

WARUM kann der Frühling zu früh kommen?

Stellt euch vor, es ist Ende Januar: Überall sprießen die ersten Frühlingsblumen aus dem Boden und die Sträucher kriegen frische Blätter. Ist der Frühling zu früh dran? Kann man so sagen. Denn dadurch geraten wichtige Wechselbeziehungen zwischen Tieren und Pflanzen durcheinander.

Denn nicht alle Tier- und Pflanzenarten reagieren gleich auf solche klimatischen Veränderungen. So kann es sein, dass die Meisen immer um dieselbe Zeit anfangen zu brüten – unabhängig von der Temperatur. Wenn sich aber der Schlupftermin der Raupen, die sie als Futter für ihre Küken benötigen, gleichzeitig nach vorne verschiebt, bekommen die Vögel ein Fütterungsproblem. Ein zu früher Frühling bringt also ganze Nahrungsketten durcheinander – und kann im schlimmsten Fall dazu führen, dass Tierarten aussterben.

Wer sind die Eisheiligen?

Als Eisheilige werden die Tage zwischen dem 11. und 15. Mai bezeichnet, in denen es noch mal besonders kalt werden kann. Um Schäden durch Frost zu vermeiden, wird bei vielen Pflanzen empfohlen, mit ihrer Aussaat oder dem Rauspflanzen bis nach den Eisheiligen zu warten.

Auch dieser Zeitpunkt ist mit dem Klimawandel und der damit einhergehenden Verschiebung der Jahreszeiten infrage zu stellen. Die Eisheiligen, die lange Zeit galten, haben in den vergangenen Jahren für die Natur an Bedeutung verloren, weil sie sich ebenfalls verschieben.

Frühlingsboten

Den Frühlingsbeginn könnt ihr besonders gut an der Blüte der Hasel, einer der frühesten Pflanzen im Jahr, erkennen. Doch es gibt in der Pflanzenwelt weitere Frühblüher, die anzeigen, dass die wärmere Jahreszeit beginnt:

Steckbriefe

Vogelkirsche

GRÖẞE bis 30 m hoch
BLÜTEZEIT April bis Mai
FRUCHT Kirsche (essbar); reif ab Juli
WISSENSWERTES Urform der gezüchteten Süßkirsche; ist im Frühjahr für Bienen, Hummeln und andere Insekten eine wichtige Nektarquelle

Gemeine Hasel

GRÖẞE bis 6 m
BLÜTEZEIT ab Februar
FRUCHT Haselnuss (essbar); reif ab August/September
WISSENSWERTES ist im Frühling zwar beliebt bei Bienen, wird von ihnen aber nicht bestäubt, da sie nur an männliche Blüten (Kätzchen) gehen

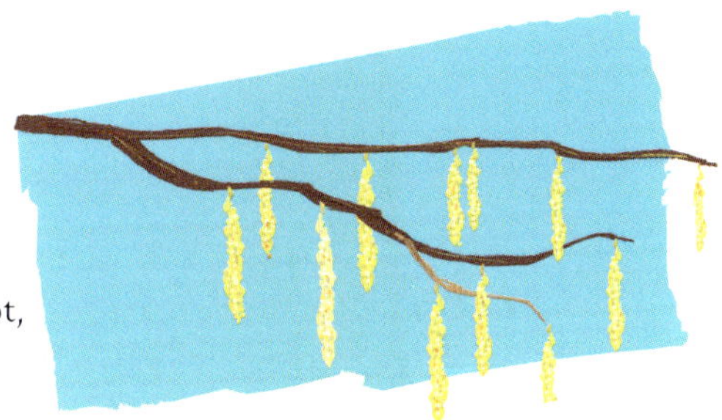

Salweide

GRÖẞE bis 10 m hoch
BLÜTEZEIT März bis Mai
FRUCHTREIFE Mai bis Juni
WISSENSWERTES ihr Nektar besteht bis zu 80 Prozent aus Zucker und ihr Pollen ist sehr energie- und eiweißreich; beides bietet Bienen nach dem entbehrungsreichen Winter endlich wieder Nahrung

Forsythie

GRÖẞE bis 3 m
BLÜTEZEIT März bis Mai
WISSENSWERTES Garten-Zierpflanze, die für unsere einheimischen Insekten wertlos ist (kein Nektar und Pollen); die Zweige mit ihren leuchtend gelben, glockenförmigen Blüten sind ein beliebter Osterschmuck

WOHER
wissen Pflanzen, dass Frühling ist?

Die ersten wärmenden Sonnenstrahlen blinzeln durch die Wolken – und als hätte jemand auf einen Schalter gedrückt, ist plötzlich Frühling: Die Bäume bekommen grüne Blätter und bunte Blüten entfalten sich. Natürlich gibt es nicht wirklich einen Schalter, aber die Pflanzen reagieren auf ihre Umwelt: Wenn sie genügend Licht und Wärme bekommen, fangen sie an zu wachsen.

Je nach Art gibt es verschiedene Anreize für das plötzliche Wachstum. Bei Zwiebelpflanzen, wie dem Schneeglöckchen, ist es die Temperatur. Die Knospe braucht zum Austreiben zunächst einen Kältereiz und kommt zum Vorschein, wenn es darauffolgend wärmer wird. Sollte es dann plötzlich wieder kalt werden, können Zwiebelpflanzen ihr Wachstum sofort stoppen.

Bei den meisten anderen Pflanzen wird das Wachsen durch eine innere Uhr gesteuert, die wie bei uns auf 24 Stunden ausgerichtet ist. Die Pflanzen warten auf eine bestimmte Tageslänge. Dann erst bekommen sie neue Blätter und Knospen. Wann genau dieser Zeitpunkt erreicht ist, ist von Art zu Art verschieden.

Schneeglöckchen

BLÜTEZEIT Januar und Februar
FARBE weiß
HÖHE 8 bis 20 cm

Krokus

BLÜTEZEIT Februar bis März
FARBE blau, lila, gelb, weiß
HÖHE 5 bis 15 cm

Gelbe Narzisse

BLÜTEZEIT März bis April
FARBE gelb
HÖHE 30 bis 40 cm

WARUM
wird im Frühling alles grün?

Die ersten warmen Tage sind da und kaum klettern die Temperaturen in den Sweatshirt-Bereich, leuchtet es draußen überall in den tollsten Grüntönen. Dass im Frühling alles grün wird und Pflanzen im Frühjahr und Sommer besonders gut wachsen, liegt vor allem daran, dass die Sonne wieder mehr scheint.

Pflanzen brauchen Sonnenlicht, um durch Fotosynthese Nahrung für ihr Wachstum herzustellen. Eine wichtige Rolle spielt dabei der grüne Farbstoff Chlorophyll. Dieser ist in den Zellen der Blätter eingelagert.

Dass Pflanzen grün sind, liegt daran, dass wir einen Gegenstand immer in der Farbe sehen, die er reflektiert, also zurückwirft. Licht besteht aus vielen unterschiedlichen Farben – Grün ist aber am stärksten. Da sowohl zu viel als auch zu wenig Licht der Pflanze schaden kann, wird vermutet, dass sie Grün reflektiert, um sich vor Lichtschäden zu schützen. Rotes und blaues Licht verwendet sie hingegen für die Fotosynthese.

Fotosynthese

Wenn die Sonne scheint, nimmt die Pflanze das Licht über ihre Blätter auf und gibt es an das Chlorophyll weiter. Der Blattfarbstoff benutzt das Licht, um aus Wasser (aus dem Boden) und Kohlenstoffdioxid (aus der Luft) Zucker und Sauerstoff herzustellen. Den Zucker benutzt die Pflanze als Energiequelle, um zu wachsen und zu blühen. Der Sauerstoff wird in die Luft abgegeben, weswegen Bäume und andere Pflanzen als Luftverbesserer gelten.

Tulpe

BLÜTEZEIT Ende März bis Anfang Mai
FARBE blau, rot, rosa, orange, gelb, weiß und sogar schwarz
HÖHE 15 bis 70 cm

Maiglöckchen

BLÜTEZEIT Mai bis Juni
FARBE weiß
HÖHE 15 bis 30 cm

WARUM sind Knospen oft klebrig?

Wie ein Baby im Bauch wächst die Blüte in der Knospe geschützt heran, bis sie eines Tages aus dem unauffälligen Knubbel hervorspringt. Um sie bis zum Austreiben im Frühling vor Wettereinflüssen zu schützen, bilden einige Baumarten, wie die Rosskastanie, in ihren Zweigen Harze, die die Knospen mit einem klebrigen Schutzfilm überziehen.

Diese Schicht wirkt isolierend und sorgt dafür, dass die Knospen im Winter nicht erfrieren oder an einzelnen sonnigen Tagen austrocknen. Zudem halten die Harze Fressfeinde wie Käferlarven von den Knospen fern und verhindern, dass sich schädliche Pilze ansiedeln. Viele Pflanzen schützen ihre Knospenblätter von außen auch durch feine Härchen.

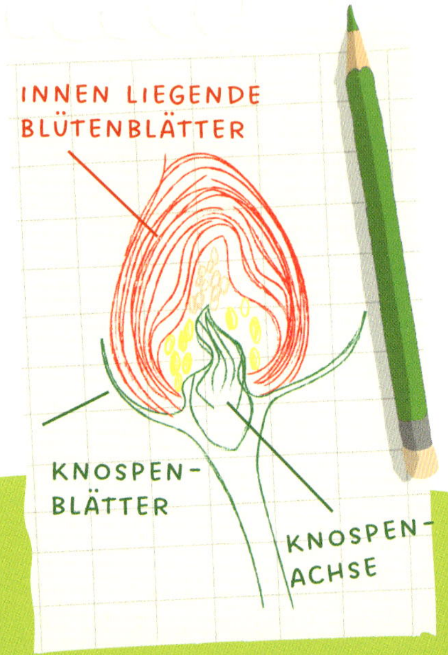

Das Innenleben einer Knospe

Von außen sind die KNOSPENSCHUPPEN oder KNOSPENBLÄTTER zu sehen. Sie halten im Winter Kälte, Regen und Schnee von den innen liegenden BLÜTENBLÄTTERN fern. Die empfindlichsten Blätter liegen dicht aneinandergepresst ganz innen an der KNOSPENACHSE, einem Teil des Stängels.

Es gibt Blatt-, Blüten- und gemischte Knospen. Die ersten enthalten nur die Anlagen für die Blätter, die zweiten nur für die Blüten und die dritten beides.

Schon gewusst?!

Die Knospen sind schon seit Ende des letzten Sommers da. Für ihre Entwicklung hat der Baum vorher genügend Nährstoffe gesammelt.

WARUM
haben Blumen so schöne Blüten?

Weil auffallend bunte und duftende Blüten signalisieren: Hier gibt es leckeren Nektar und Pollen! So locken Blumen Insekten an.

Das bringt beiden Seiten Vorteile: Die Insekten bekommen von den Blumen Nahrung. Gleichzeitig helfen die Tiere ihnen durch Bestäubung bei der Fortpflanzung. Einige Insekten haben extra klettenartige Haken oder kleine Stacheln an den Beinen, damit möglichst viele Pollen daran hängen bleiben. Andererseits sind viele Blüten so geformt, dass nur ganz bestimmte Insektenarten an ihren Nektar gelangen können.

Wer bestäubt hier wen?

Bienenblumen

Ob Nelke, **GLOCKENBLUME** oder Löwenmäulchen – dank Rüssel können Bienen und Hummeln auch 15 Millimeter tief verborgenen Nektar erreichen. Sie mögen süße, parfümähnliche Düfte und die Farben Gelb, Weiß und Blau. Oft locken die Blüten zusätzlich mit sogenannten Saftmalen – Farbflecken, die nur für Bienenaugen sichtbar sind und noch mehr Pollen vortäuschen.

Wespenblumen

Da Wespen nur kurze Mundwerkzeuge haben, muss der Nektar für sie offen zugänglich sein, wie bei der Blüte der **FRÜHLINGS-BRAUNWURZ**. Anders als Bienen fliegen Wespen Blumen nur an, wenn sich gerade keine bessere Nahrungsquelle bietet. Da sie beispielsweise Raupen, Läuse, Mücken und Spinnen bevorzugen, spielen sie beim Bestäuben also keine große Rolle.

Schmetterlingsblumen

Charakteristisch sind ihre langen, schmalen Kelche, denn Schmetterlinge können mit ihrem ausrollbaren Rüssel den Nektar aus bis zu vier Zentimeter Tiefe saugen. Eine typische Tagfalterblume ist die meist rosarote **SPORNBLUME**, die nur leicht, aber angenehm duftet. Nachtfalterblumen wie die **LICHTNELKE** sind meist weiß, öffnen sich erst zur Nacht und duften stark.

Fliegenblumen

Fliegen suchen nicht nach Nektar, sondern einem Ort, um Eier abzulegen – und der beste Nährboden für die schlüpfenden Larven ist Aas. Mit einem Geruch nach Verwesung und einem bräunlich-blassen Aussehen gelingt es dem **ARONSTAB**, die Fliege zu täuschen.

WIE sprechen Bäume miteinander?

Das Rascheln der Blätter in den Baumkronen klingt manchmal fast so, als würden die Bäume miteinander flüstern. Es ist aber nur der Wind. Denn Bäume haben keine Stimme wie wir, um miteinander zu sprechen. Sie können auch nicht, wie viele Tiere, über Laute miteinander kommunizieren. Trotzdem verständigen sich Bäume untereinander – und zwar über ihre Wurzeln und über Gerüche.

Damit warnen sie sich gegenseitig vor Gefahren. Wenn das Blatt einer Ulme von einer Raupe angeknabbert wird, produziert der Baum zum einen bittere Abwehrstoffe, sodass es der Angreiferin nicht mehr schmeckt. Zum anderen strömt er einen Duftstoff aus, der sich durch den Wind in der Luft ausbreitet.

Der Geruch warnt nicht nur in der Nähe wachsende Ulmen, damit sie sich ebenfalls gegen die Raupen schützen. Er lockt auch Tiere an, die die Raupen fressen und so den Baum von den Schädlingen befreien. Das bedeutet: Viele Bäume können außerdem noch so etwas wie schmecken. Denn sie erkennen Schädlinge, ob Raupe oder Borkenkäfer, am Geschmack ihrer Spucke und rufen gezielt deren tierische Feinde herbei!

Schon gewusst?!

Miteinander unterhalten können sich nur Bäume der gleichen Baumart. Buchen und Fichten haben sich nichts zu sagen!

Das Wood Wide Web

Gerüche werden meist nur in Windrichtung übertragen. Daher sendet der Baum zusätzlich elektrische Signale in seine Wurzelspitzen. Denn im Waldboden befindet sich ein weit verzweigtes Netz aus feinen Pilzfäden, die – wie Internetleitungen – über weite Entfernungen hinweg Informationen weitergeben können. Sehr schnell werden dann Warnungen vor Krankheiten, Dürren oder Fressfeinden ins „Wood Wide Web“ (waldweite Netz) übertragen, wie Wissenschaftlerinnen und Wissenschaftler das Pilzgeflecht nennen.

WARUM *müssen Bäume in die Schule* ?

In einer Baumschule – einer speziellen Gärtnerei für Bäume – sollen Baumkinder groß und stark werden, bevor sie sich im Wald allein behaupten können. Die Idee ist eine Nachahmung der Natur: Denn auch in Urwäldern – also Wäldern, in denen kein Mensch Bäume pflanzt oder fällt – gibt es so etwas wie Schulen für junge Bäume.

Während die Bäume in einer Gärtnerei „nur“ bis zu 60 Jahre gepflegt werden, bevor sie ausgewildert werden, dauert die Schulzeit in der Natur bis zu 300 Jahre. Und das läuft so ab: In einem Urwald sprießen an einer Stelle meist viele Bäume gleichzeitig, sodass eine Gruppe von Baumkindern entsteht, die im Schatten ihrer Mutterbäume beieinanderstehen. Greift der Mensch nicht ein, können die jungen Bäume so viele Jahre lang ganz gemütlich wachsen und werden dafür über ihre Wurzeln von ihren Baum-Müttern mit Zuckerwasser versorgt. Das ist wichtig, da sie am dunklen Waldboden nicht selbst durch Fotosynthese (siehe Seite 15) Zucker herstellen können.

Ausschlagende Bäume?!

Ja, Bäume schlagen aus – aber nicht so, wie wir es von Pferden kennen! Das Wort „ausschlagen“ verwenden wir auch, wenn Pflanzen neue Triebe bekommen.

Damit die bereits am Ende des letzten Sommers angelegten Knospen im Winter nicht erfrieren, ziehen die Bäume im Herbst das Wasser aus ihren Zweigen. Und im Frühling pumpen sie es zurück – von den Wurzeln bis in die Krone. Durch die Feuchtigkeit öffnen sich zeitgleich sämtliche Knospen und schieben ihre Blüten und Blätter hervor. Das geht so schnell, dass der Baum schlagartig grün wird – er schlägt aus!

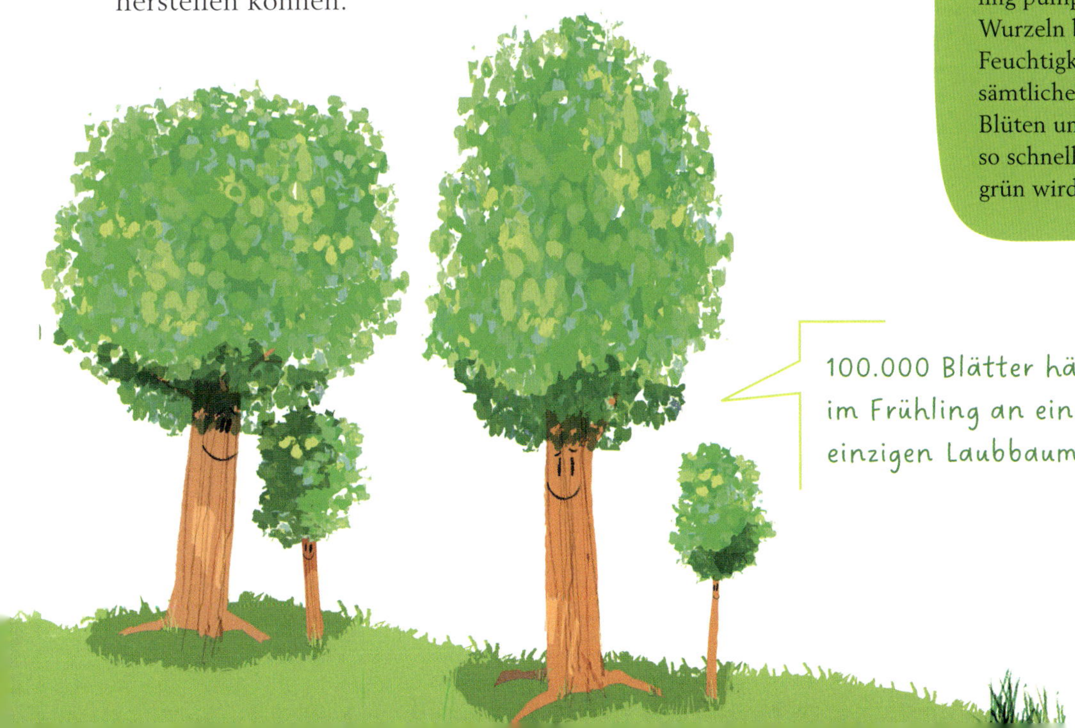

100.000 Blätter hängen im Frühling an einem einzigen Laubbaum.

DIE NASE VOLL FRÜHLING

Eine duftende Spurensuche

Um die Frage vorwegzunehmen: Ja, den Frühling können wir wirklich riechen! Viele Menschen verbinden ihn zum Beispiel mit dem erfrischenden Duft blühender Bäume und Blumen oder dem Geruch von frisch gemähtem Gras. Das stimmt aber nur zum Teil. Für den typischen Duft, den wir am Anfang des Frühlings riechen, haben Geruchsforscherinnen und Geruchsforscher eine ganz andere Ursache gefunden …

Kommt mit in den Garten, den Park oder in den Wald – auf die Suche nach dem Frühlingsduft!

ALTES LAUB Was im Winter wie eingefroren – und damit nahezu geruchlos – dagelegen hat, wärmt sich durch die Frühlingssonne auf und fängt im wahrsten Sinne an zu müffeln. Denn alte Blätter riechen vor allem erst mal faulig.

FEUCHTE ERDE Auch feuchte Erde, die von der Sonne erwärmt wird, riecht eher modrig. Für den typischen muffig-modrigen Frühlingsduft ist eine Substanz namens Geosmin verantwortlich.

8+

Frühlingsduft: Geosmin

Treffen im Frühjahr die ersten wärmenden Sonnenstrahlen auf den noch gefrorenen Boden, wird Wasser freigesetzt, das uns als Wasserdampf in die Nase steigt. Wenn sich die Erde erwärmt, wird durch kleinste Lebewesen (Mikroorganismen) eine chemische Verbindung produziert, die erdig-muffig riecht – Geosmin. Der Name kommt aus dem Griechischen und bedeutet „Erdgeruch“. Geosmin ist auch an dem Geruch beteiligt, der entsteht, wenn es nach langer Trockenheit mal wieder regnet (auch Petrichor genannt). Obwohl Geosmin eigentlich unangenehm riecht, verbinden viele Menschen den Geruch mit dem Frühling und empfinden ihn als positiv. Weil er als erdend und beruhigend gilt, wird er sogar in der Aromatherapie und in Parfüms eingesetzt.

Duftprobe

Nehmt mal eingefrorenes Essen aus der Gefriertruhe und riecht daran … Und dann schnuppert noch mal daran, wenn ihr es aufgetaut und erhitzt habt – ihr werdet sehen, das Essen hat erst nach dem Auftauen einen Geruch. Vorher sind die Duftstoffe eingefroren. Erst, wenn sie beim Erwärmen in die Luft übergehen, können wir sie riechen!

BLÜTEN Erst im Mai liegt der blumige Duft von Flieder, Apfelblüten und Maiglöckchen in der Luft.

GRILL Kaum, dass es draußen etwas wärmer ist, holen die ersten ihren Grill wieder raus und der würzig-rauchige Geruch nach Gegrilltem zieht durch die Straßen.

GEMÄHTES GRAS Ab Mitte März/Anfang April laufen in den Gärten die Rasenmäher wieder heiß. Was für uns angenehm bis frisch riecht, ist eigentlich ein Hilferuf der Pflanze bei Verletzungen.

Schon gewusst?!

Welche Düfte wir im Frühling als angenehm wahrnehmen, hängt auch davon ab, was wir während unserer Kindheit im Frühling riechen. Putzten unsere Eltern jeden Frühling gründlich das Haus, kann selbst Putzmittelgeruch bei uns im Erwachsenenalter noch Frühlingsgefühle (siehe Seite 36) auslösen.

WAS *ist Winterschlaf*?

Manche Tiere „verschlafen" den kalten, nahrungsarmen Wintern einfach in einem guten, sicheren Versteck. Dafür fressen sie sich im Herbst ausreichend Fettreserven an.

Anders als ihr ihn euch vielleicht vorstellt, ist Winterschlaf kein erholsamer Ruhezustand und nicht vergleichbar mit dem Schlaf, wie wir ihn kennen. Tiere im „Winterschlaf" sind dem Tod näher als dem Leben. Sie fahren ihre Körperfunktionen wie Puls, Herzschlag, Körpertemperatur, Verdauung und Atmung auf ein Minimum herunter.

Auch aus diesem „echten" Winterschlaf wachen die Tiere hin und wieder auf, wärmen sich auf, ändern ihre Position oder „gehen auf die Toilette" – sie fressen aber nicht.

Winterschlaf-Rekorde

BIS ZU 11 MONATE
kann der Siebenschläfer Winterschlaf halten, meist schläft er aber „nur" sieben bis acht Monate

1 BIS 2 MAL PRO MINUTE
atmet der Igel im Winterschlaf – im Sommer 40 bis 50 Mal

1 BIS 3 PROZENT
des normalen Stoffwechsels – mehr braucht der Gartenschläfer im Winterschlaf nicht

7 BIS 9 GRAD beträgt die Körpertemperatur beim Murmeltier, im Sommer sind es 39 Grad

10 BIS 80 MAL PRO MINUTE
schlägt das Herz einer Fledermaus – normal sind bis zu 450 Schläge

Schon gewusst?!

WINTERSCHLAF halten bei uns Igel, Fledermäuse, Siebenschläfer, Hamster, Haselmäuse und Murmeltiere. Dachse, Eichhörnchen, Wasch- und Braunbären halten **WINTERRUHE**, aus der sie häufiger aufwachen – auch um zu fressen. In **KÄLTESTARRE** fallen Frösche, Eidechsen, Fische, Schildkröten und manche Insekten.

WER stellt den Winterschläfern den Wecker?

Im Frühjahr wachen Igel, Murmeltiere und Co. scheinbar wie von selbst aus ihrem energiesparenden Winterschlaf auf. Einen echten Wecker stellt ihnen natürlich niemand – aber eine Art innere Uhr sagt ihnen, dass es Zeit ist, wieder aktiv zu werden.

Was genau im Frühjahr das endgültige Aufwach-Signal auslöst, ist bisher nicht eindeutig geklärt. Sicher ist, dass es nicht nur die längeren Tage und noch weniger die milderen Temperaturen sind, die die Tiere im Frühling aus ihren Winterquartieren locken. Letzteres wäre auch gefährlich: Schließlich gibt es auch im Winter wärmere Tage, an denen sie nicht einfach aufwachen dürfen.

Es könnte sein, dass der Körper die Fettreserven misst. Kurz bevor sie aufgebraucht sind, wachen die Winterschläfer auf. Auch die Änderung in der Zusammensetzung der Hormone könnte ein Grund für das Aufwachen sein. Denn je länger die Tage hell sind, desto mehr Wach-Hormone bildet der Körper.

Alpenmurmeltier

GRÖßE bis 68 cm

GEWICHT bis 6,5 kg

MERKMALE dichtes graues bis hellbraunes oder rötliches Fell; gedrungener Körper; bis zu 15 cm langer Schwanz; vier Zehen an den Vorder- und fünf an den Hinterfüßen; kleine behaarte Ohren; laute Warnrufe (Pfiffe)

LEBENSWEISE wohnt in großen Familiengruppen (bis zu 20 Tiere) in unterirdischen Bauen, von denen es sich selten weiter als 10 bis 15 m entfernt; verbringt 90 Prozent des Lebens unter der Erde; hält von Oktober bis März Winterschlaf

NAHRUNG frische Triebe und Blüten von Gräsern und Kräutern

Steckbrief

Reiseverhalten

Aufgrund des milder werdenden Klimas verlagert sich der Vogelzug immer weiter nach vorne. Manche Stare, Hausrotschwänze und andere Kurzstreckenzieher sparen sich die Reise inzwischen ganz und bleiben auch im Winter hier. Und viele Störche ziehen statt nach Afrika nur noch bis Spanien.

WANN *kommen die Vögel aus dem Süden wieder* ?

Jedes Jahr sind allein zwischen Europa und Afrika um die fünf Milliarden Zugvögel auf der Reise. Ihr Umherziehen wird vom Futterangebot bestimmt. Die meisten kehren zwischen März und Mai zu uns zurück. Je nach Wetter und den damit verbundenen warmen Aufwinden (Thermik), die das Fliegen erleichtern, kommen die ersten Zugvögel schon im Februar wieder.

KURZ- UND MITTELSTRECKENZIEHER, zum Beispiel Kraniche oder Stare, die beispielsweise in Südspanien oder Südfrankreich überwintern, sind als Erste wieder da. LANGSTRECKENZIEHER wie der Kuckuck, der ganz aus Südafrika kommt, sind etwas später dran. Vögel, die nur kurze Strecken zurücklegen, können außerdem flexibler auf klimatische Veränderungen reagieren als Langstreckenzieher, deren feste Flugzeiten in einer Art vererbtem Kalender gespeichert sind.

WARUM *singen die Vögel* ?

Im Frühling zwitschern Vögel besonders viel – allerdings fast nur die Männchen: Mit ihrem auffälligen Gesang machen sie auf sich aufmerksam und versuchen, die Weibchen zu beeindrucken. Außerdem sagen sie den anderen Männchen mit ihren Rufen: Wo ich singe, hast du nichts zu suchen!

Für die verschiedenen Vogelarten hat es sich über lange Zeit bewährt, nicht gemeinsam, sondern nacheinander zu singen. Dann müssen die einzelnen Tiere nicht so laut singen – und das spart Energie. Schon vor Sonnenaufgang beginnen die Vögel zu singen. Dabei nimmt jede Art in der Morgendämmerung einen anderen Helligkeitsgrad als Weckreiz.

In der jüngeren Zeit scheinen einige Vogelarten ihre Gesangszeiten vorzuverlegen. Forscherinnen und Forscher vermuten, dass beispielsweise Rotkehlchen oder Amseln, die in Städten nisten, früher anfangen, um weniger gegen den Straßenlärm ansingen zu müssen. Aber auch die vielen künstlichen Lichtquellen könnten ein Grund dafür sein.

WARUM *haben Hasen so lange Ohren …*

Ganz einfach: damit sie besser hören können. Das ist für Hasen besonders wichtig, denn sie haben ziemlich viele Feinde. Sie werden von Füchsen, Habichten und Mardern, aber auch vom Menschen gejagt. Das gute Gehör hilft dem Hasen, rechtzeitig die Flucht zu ergreifen.

Feldhasen leben im offenen Gelände und in lichten Wäldern. Wenn sich ein Feind nähert, duckt sich der Hase zunächst tief ins hohe Gras und vertraut auf seine Tarnfarbe. Er kann die herannahenden Feinde dann aber nicht mehr sehen. Deshalb stellt er seine langen Ohren wie Antennen auf und lauscht, ob die Bedrohung näher kommt. Wenn ja, springt er plötzlich auf und gibt Gas.

Durch die Form seiner langen „Löffel“ werden die Schallwellen gebündelt und bestmöglich verstärkt. Dieser Trichtereffekt funktioniert auch bei euch: Wenn ihr die hohle Hand hinter die Ohren haltet und dadurch die Ohrmuschel vergrößert, könnt ihr den Schall besser einfangen.

Außerdem sind die Hasenohren sehr beweglich: Die Tiere können sie einzeln zur Geräuschquelle drehen. Auf diese Weise nehmen sie auch den kleinsten Laut wahr.

Feldhase

GRÖSSE Länge bis 70 cm, Ohren bis 15 cm lang
GEWICHT 4 bis 5 kg
MERKMALE lange, aufgerichtete Ohren („Löffel“) mit schwarzen Spitzen; gelbliches bis braungraues Fell; Schwanz oben dunkel; sehr große bernsteinfarbene Augen, die eine Rundumsicht ermöglichen
LEBENSWEISE Einzelgänger; Weibchen werfen pro Wurf zwei bis fünf Junge, die mit voll ausgebildetem Seh- und Hörsinn auf die Welt kommen
NAHRUNG Gräser, Kräuter, Knollen, Knospen und Triebe

Steckbrief

... und warum schlagen sie Haken?

Um schneller flüchten zu können. Weil er erst mal abwartet, ist es für den Hasen lebenswichtig, schnell Strecke zwischen sich und seinen Feind zu bringen und ihn abzuschütteln. Dafür hat die Natur den Hasen mit besonderen Fähigkeiten ausgestattet: Er kann sehr schnell laufen und dabei Haken schlagen.

Schaut man sich das Hakenschlagen in Zeitlupe an, erkennt man, wie der Hase das genau macht: Bei einem Sprung dreht er seinen Körper in der Luft und landet so, dass er in eine andere Richtung weiterrennen kann. Auf diese Weise verwirrt er seinen Feind und hängt ihn dadurch und durch seine Geschwindigkeit ab.

Rekorde aus der Hasenwelt

80 STUNDENKILOMETER
schafft ein Hase auf der Flucht.

4 METER WEIT
können Hasen springen.

BIS ZU 5 MAL IM JAHR
bringt eine Häsin Junge zur Welt.

Bauernregel

Wenn der Hahn kräht auf dem Mist, ändert sich das Wetter oder es bleibt, wie es ist.

WARUM *kräht der Hahn so früh*?

Hähne krähen frühmorgens,, um gleich als Erstes kundzutun: „Ich bin hier der Chef, das ist mein Revier!" Ob sie sich dabei nach der Helligkeit des anbrechenden Tages richten oder ihnen eine innere Uhr den Zeitpunkt vorgibt, ist nicht geklärt.

Hähne krähen auch im Laufe des Tages, jedoch deutlich seltener als morgens. Oft antworten sie dabei einem anderen Hahn, um ihre Stellung zu behaupten. Am Abend kräht der Hahn wiederum, um seinen Hennen mitzuteilen, dass Schlafenszeit ist. Sie wissen dann, dass es Zeit ist, zum Schlafplatz zurückzukehren – also im Falle unserer Haushühner in den Stall.

WARUM gackern Hühner?

Hühner können sehr gut hören. Deshalb nutzen sie auch gern ihre Stimme, um Informationen auszutauschen oder Kontakt zu halten. Der wohl bekannteste Laut des Huhnes ist das Gackern. Oft hört man eine Henne gackern, nachdem sie ein Ei gelegt hat. Wahrscheinlich will sie damit wieder Verbindung mit ihrer Gruppe aufnehmen.

Insgesamt nutzen Hühner bis zu 30 unterschiedliche Laute, um miteinander zu kommunizieren. Schon vor dem Schlüpfen beginnt das Küken im Ei, mit hoher Stimme zu piepsen, worauf die Glucke (das Mutterhuhn) mit tiefen, beruhigenden Lauten antwortet. Durch ihr gutes Gehör sowie ein spezielles Organ, mit dem sie Schwingungen im Boden oder in der Luft wahrnehmen können, erkennen Hühner Feinde frühzeitig. Je nachdem, um welche Art von Angreifer es sich handelt, gibt es unterschiedliche Warnrufe – zum Beispiel einen für den Habicht und einen anderen für den Fuchs.

Auch Gackern ist nicht gleich Gackern: Drückt das Huhn Freude aus, gibt es einen langen Zwischenton, während ängstliches Gackern kurze aufgeregte Laute mit Warnschreien verbindet. Ist ein Huhn aggressiv, ruft es hingegen kurz und rhythmisch.

Zahlen zu Hühnern

200.000
Legehennen und mehr sind in Betrieben mit Boden- und Käfighaltung in Deutschland keine Seltenheit.

6.000
Tiere dürfen dabei maximal ohne räumliche Trennung gehalten werden.

3.000
Legehennen pro Gruppe sind es bei Biohaltung.

20
Hennen plus ein Hahn leben in artgerechter Haltung zusammen.

Von Vogelhaus, Insektenhotel und Rücksicht

TIERHILFE IM FRÜHJAHR

Viele Tierarten, zum Beispiel Vögel und Nagetiere, bauen im Frühjahr ihre Nester und Bauten neu oder reparieren sie, um sicherzustellen, dass sie ihren Nachwuchs sicher aufziehen können. Gerade nach dem Winter kostet sie das viel Energie. So könnt ihr sie mit einfachen Maßnahmen gezielt unterstützen:

Nistkästen vorbereiten

Da die ersten Vögel bereits im Februar mit dem Nestbau beginnen, solltet ihr neue Nistkästen rechtzeitig aufhängen oder vorhandene Nistkästen schon früh im Jahr säubern, wenn ihr das nicht schon im Spätsommer oder Herbst erledigt habt.

ACHTUNG Die Reinigung sollte ein Erwachsener übernehmen und dabei Handschuhe tragen. Alte Vogelnester sind voll mit Kot, Ungeziefer und manchmal auch toten Küken oder verlassenen Eiern.

Tiere in Ruhe lassen

Auch wenn ihr noch so viel Lust habt, sobald es wärmer wird, im Garten richtig Gas zu geben: Lasst euch damit ruhig Zeit! Viele Krabbeltiere oder deren Larven überwintern in vertrockneten Blüten und Halmen – lasst diese also lieber noch etwas stehen und schneidet Stauden erst im Mai zurück. Bäume und Sträucher hingegen dürfen schon ab dem 1. März gar nicht mehr geschnitten werden, um nistende Vögel nicht zu stören.

ACHTUNG Unter Steinen könntet ihr Molche oder Eidechsen aufschrecken, die dort noch in Winterstarre verharren. Beim Umgraben von Beeten oder Entfernen von altem Laub hat schon so manch früher Gärtner oder frühe Gärtnerin eine Haselmaus oder einen Igel unsanft aus dem Winterschlaf gerissen. Lieber erst im April ins Beet!

Vögel füttern

Habt ihr schon mal das ständige Umherfliegen der Vögel im Frühjahr beobachtet? Sie sind jetzt immer in Bewegung, um die Nester für ihre Küken zu bauen oder auf Vordermann zu bringen. Mehr denn je brauchen sie jetzt hochwertiges, energiereiches Futter. Bietet es an einem geschützten Ort, zum Beispiel einem überdachten Vogelhaus, an und achtet immer darauf, dass es sauber, trocken und schimmelfrei ist.

ACHTUNG Sobald die ersten Küken schlüpfen, also spätestens ab April, darf kein Winterfutter (Fettfutter) mit ganzen Nüssen (zum Beispiel Erdnüssen), Nussbruch oder Sonnenblumenkernen mehr gefüttert werden. Jungvögel können daran sterben, weil die Stücke zu groß sind.

Fröschen und Kröten über die Straße helfen

Im März beginnt die Krötenwanderung, bei der sich die Tiere – oft auf gefährlichen Strecken – auf den direkten Weg zu ihren Laichgewässern machen. Ihr könnt euch zum Beispiel Naturschutzgruppen anschließen, die Tunnel oder Zäune errichten und die Tiere über die Straße tragen, damit sie nicht überfahren werden.

Babyglück in der Tierwelt

Diese heimischen Tierkinder kommen im Frühling zur Welt:

Steckbriefe

Reh

FAMILIE Hirsche
JUNGTIER Kitz
GEBURTSTERMIN Mai / Juni

Steinmarder

FAMILIE Marder
JUNGTIER Welpe
GEBURTSTERMIN März / April

Dachs

FAMILIE Marder
JUNGTIER Welpe
GEBURTSTERMIN Ende Februar bis Anfang April

Wildschwein

FAMILIE Echte Schweine
JUNGTIER Frischling
GEBURTSTERMIN ganzjährig, die meisten im März / April

Rotfuchs

FAMILIE Hunde
JUNGTIER Welpe
GEBURTSTERMIN März / April

Insekten unterstützen

Gestaltet euren Garten oder Balkon insektenfreundlich: mit naturbelassenen Flächen, möglichst wenig Beton und Pflastersteinen, dafür aber mit viel Grün sowie zahlreichen Frühblühern, die den Tieren gleich im Frühjahr Nahrung bieten. Außerdem könnt ihr ein Insektenhotel aufstellen. Darin können Wildbienen, Wespen, Hummeln und Co. geschützt nisten und ihre Brut aufziehen.

Etwa ab April könnt ihr Blühmischungen für den Sommer aussäen. Dabei kann die ganze Familie helfen!

TIPP Wenn ihre schwache Hummeln oder Bienen findet, könnt ihr ihnen mit etwas Zuckerwasser auf die Beine helfen: Dazu gebt einfach ein paar Tropfen einer Wasser-Zucker-Lösung auf den Boden oder eine geeignete Unterlage vor das Tier. Es kann sich dann mit seinem Rüssel einen Energieschub holen.

Selber machen!

Eine Nisthilfe für Insekten könnt ihr prima mit der ganzen Familie selbst bauen. Hier findet ihr Tipps für den Bau:

WARUM *tut uns Sonne gut?*

Scheint die Sonne, sind wir meist gleich besser gelaunt, denn unser Körper reagiert auf die vermehrten Sonnenstrahlen: Sonnenlicht fördert die Produktion von bestimmten Botenstoffen im Gehirn. Sie lösen Reaktionen aus, die uns ein gutes Gefühl geben, uns unternehmungslustiger und wacher machen.

Fehlt das Tageslicht – wie es im Winter oft der Fall ist –, kann das bei uns für schlechte Stimmung sorgen. Das Gehirn produziert dann zu wenig vom Botenstoff Serotonin. Serotonin ist als Neurotransmitter in unserem Gehirn daran beteiligt, Antrieb, Schlaf und Wohlbefinden zu regeln. Menschen mit Serotoninmangel sind ständig müde, vielleicht sogar grundlos traurig und haben wenig Lust, etwas zu unternehmen. Viele leiden in der dunklen Jahreszeit an depressiven Verstimmungen, die erst mit dem Frühling weniger werden.

Sonnenschutz

Auch wenn die Sonne unserer Seele gut tut, kann sie uns körperlich schaden. Deshalb sollten wir uns schon im Frühling vor zu viel Sonne schützen:

- Sonnenstrahlung besteht aus sichtbaren Sonnenstrahlen, aus für uns als Wärme wahrnehmbarer Infrarotstrahlung und unsichtbarer ultravioletter Strahlung (UV). Letztere ist besonders gefährlich.
- Im Frühling erhöht sich die UV-Strahlung schneller als die Wärmestrahlung. Und das ist besonders tückisch: Weil die Sonne noch nicht so sehr wärmt, nehmen wir sie fälschlicherweise als noch nicht so intensiv wahr.
- Der UV-Index (UVI) im Wetterbericht verrät uns, wie stark die Sonne scheint. Ab einem Wert von 3 brauchen wir Sonnenschutz.
- Vorsicht vor allem am Meer oder in den Bergen: Mit Wasser oder Schnee bedeckte Oberflächen reflektieren die Sonnenstrahlen zusätzlich.
- Auch an die Augen denken! Als Faustregel gilt: Wenn die Sonne so stark ist, dass du Sonnencreme brauchst, brauchst du auch eine Sonnenbrille.

Botenstoffe

8+

Neurotransmitter sind chemische Botenstoffe, die wie fleißige Ameisen Informationspäckchen von einer Nervenzelle zur anderen bringen. Und das geht so: Eine ZELLE (1) gibt Informationen über elektrische Impulse an eine andere Zelle weiter. Dabei treffen diese aber auf eine Lücke, den „SYNAPTISCHEN SPALT" (2). Die NEUROTRANSMITTER (3) überbrücken diesen und die Information kommt ans Ziel (4).

WIE wird aus Sonne Energie?

Wenn uns die Sonne ins Gesicht scheint, spüren wir ihre Wärme – ihre Energie. Mithilfe von Solaranlagen können wir Sonnenenergie in elektrischen Strom umwandeln oder auch warmes Wasser zum Duschen und Baden erzeugen.

Die schwarzen Platten, die in Richtung Sonne ausgerichtet sind, sind schon auf vielen Hausdächern zu sehen. Mit solchen Solaranlagen kann die Energie der Sonne auf verschiedene Arten genutzt werden:

SOLARTHERMIEANLAGEN nutzen direkt die wärmenden Sonnenstrahlen, um zum Beispiel Warmwasser zu erzeugen. Das System ist vergleichbar mit einem Gartenschlauch, der in der Sonne liegt. Nach dem Aufdrehen des Wassers kommt zunächst das von der Sonne erwärmte Wasser aus dem Schlauch, dann erst das kalte Frischwasser aus der Leitung.

Der Aufbau einer FOTOVOLTAIKANLAGE hingegen ist deutlich komplizierter. Diese Solaranlage wandelt Sonnenlicht in elektrischen Strom um. Dabei erzeugen die Solarmodule zunächst Gleichstrom, der in Wechselstrom – also im Haushalt nutzbaren Strom – umgewandelt wird.

WAS passiert im Frühling auf dem Land?

Nach dem Winter wartet in der Landwirtschaft viel Arbeit auf die Bauernfamilien. Oft leben mehrere Generationen auf einem Hof zusammen. Jung und Alt müssen mithelfen, um die vielen Aufgaben im Frühjahr zu bewältigen.

Geburt von Tierkindern

Im Frühling kommen besonders viele Tierkinder auf die Welt. Auf dem Hof könnt ihr die Geburt von Kälbern, Lämmern, Fohlen oder das Schlüpfen der Küken hautnah miterleben.

Obstbaumblüte

Auf Streuobstwiesen und Obstplantagen blühen jetzt beispielsweise die Apfel- und Birnbäume. Die Tritte von auf den Obstwiesen weidenden Schafen oder Rindern vertreiben Wühlmäuse, ihre Kötel düngen die Bäume und locken Insekten an. Die Krabbeltiere sind Beute von Fledermäusen und Vögeln, die auch Schädlinge wie Maden und Blattläuse fressen. Diese Wechselbeziehung zwischen Tieren und Pflanzen wird als Symbiose bezeichnet.

Bestäuberinsekten wie Bienen, Hummeln und Schmetterlinge surren eifrig umher und erledigen ihren Teil am Ökokreislauf.

Felder vorbereiten und Aussaat

Mit Geräten wie dem Grubber, der Egge oder dem Pflug wird der Boden aufgelockert und das Unkraut herausgeholt. Dabei werden Erde, Pflanzenreste und die darin enthalten Nährstoffe gut miteinander vermischt. Außerdem werden die Felder gedüngt. Danach wird mit einer Sämaschine die Saat für das Sommergetreide oder Gemüse in den Boden gebracht.

Weiden kontrollieren

Wenn die Tiere den Winter über hauptsächlich im Stall gehalten wurden, müssen die Zäune kontrolliert werden, zum Beispiel auf Beschädigungen durch Stürme oder Schnee. Anschließend können die Tiere wieder raus.

Schafschur

Die meisten gezüchteten Schafrassen haben keinen natürlichen Fellwechsel mehr. Sie müssen mindestens einmal im Jahr geschoren werden, damit ihnen im Sommer nicht zu warm wird und sich keine Parasiten wie Läuse im Fell festsetzen. Bei Koppelschafen findet die Schur meist zwischen Mitte Mai und Ende Juni statt. Die Schafschur ist nicht unumstritten, da sie Quälerei und Stress für die Tiere bedeuten kann (nicht muss!).

Schon gewusst?!

Schafe werden bei uns vor allem zur Landschaftspflege, zum Beispiel an Deichen und in der Heide, sowie wegen ihres Fleisches gehalten. Weil die Verarbeitung der Rohwolle hierzulande zu teuer und die Wolle der meisten hiesigen Schafrassen nicht weich genug für Kleidung und Decken ist, wird sie entweder direkt ins Ausland verkauft oder sogar weggeworfen. Bei uns verkaufte Wollkleidung besteht meist aus Wolle von Merinoschafen aus Australien, Neuseeland oder China.

WARUM *haben manche Menschen Frühlingsgefühle …*

Im Frühling sind manche Menschen plötzlich richtig gut drauf. Verantwortlich dafür ist aber nicht die Wärme, sondern allein das Sonnenlicht (siehe Seite 32). Es macht uns glücklich und sorgt dafür, dass wir mehr Lust haben, etwas zu unternehmen – am liebsten draußen.

Durch das Sonnenlicht bildet unser Körper mehr von dem Glückshormon Serotonin. Gleichzeitig wird das Schlafhormon Melatonin weniger. Dadurch fühlen wir uns wacher und werden aktiver.

Bei einigen Menschen sorgt der gleichzeitige Anstieg von Glücks- und Sexualhormonen, zum Beispiel Testosteron oder Endorphinen, auch dafür, dass sie sich leichter verlieben.

Ob jemand Frühlingsgefühle verspürt, hängt aber auch mit Gewohnheiten zusammen. Wer sich auch im Winter tagsüber viel draußen bewegt, wird die Lichtveränderungen im Frühjahr weniger stark wahrnehmen als Menschen, die sich viel drinnen aufhalten. Daher haben Erwachsene oft stärkere Frühlingsgefühle als Kinder, die auch in der dunklen Jahreszeit häufiger draußen sind.

... während andere frühjahrsmüde sind?

Nun stellt sich die Frage: Warum sind wir in den ersten Frühlingstagen trotzdem oft so müde, obwohl weniger Schlafhormon gebildet wird? Das liegt daran, dass der Körper eine gewisse Zeit zur Umstellung vom Winter- auf den Sommermodus braucht. Frühjahrsmüde Menschen haben daher im Frühling oft zunächst ein erhöhtes Schlafbedürfnis.

Wenn die Tage länger und die Nächte kürzer werden, befinden sich unsere Hormone in Aufruhr. Manche, wie Serotonin, schalten sehr schnell auf Frühling um, während das Schlafhormon Melatonin nur sehr langsam abnimmt. Dadurch entsteht ein Ungleichgewicht, auf das manche Menschen mit Müdigkeit, Wetterfühligkeit, Schwindel, Kreislaufproblemen oder Gereiztheit reagieren.

Auch die Wärme scheint eine Rolle zu spielen: Durch sie weiten sich die Blutgefäße und der Blutdruck sinkt. Das kann ebenfalls zu Müdigkeit und Schwächegefühl führen.

Gegen die Antriebslosigkeit im Frühling lässt sich aber etwas tun: Sonne, Bewegung an der frischen Luft und Vitamine durch frisches Obst und Gemüse helfen, sie schneller zu überwinden. Denn hat der Körper sich erst mal an diese Veränderungen gewöhnt, können auch bei Menschen mit Frühjahrsmüdigkeit noch richtige Frühlingsgefühle entstehen.

ALS ENERGIEKICK FÜR ALLE FRÜHJAHRSMÜDEN!

Wachmacher-Bällchen

DAS BRAUCHT IHR (FÜR 12 BIS 15 STÜCK)

- 1 Tasse Trockenobst (zum Beispiel Datteln, Aprikosen, Rosinen, Cranberrys, Feigen; später im Sommer könnt ihr auch frische Beeren verwenden)
- je ½ Tasse feine Haferflocken sowie gemahlene Nüsse und/oder Saaten wie Sonnenblumenkerne
- etwa 4 EL Nussmus (zum Beispiel Mandel- oder Erdnussmus), nach Belieben Haferflocken, Sesam, Mohn, Kokosraspel, Kakaopulver oder Kakaonibs

SO GEHT'S

Trockenobst klein hacken, alle Zutaten verkneten und zu kleinen Kugeln rollen. Nach Lust und Laune in Haferflocken oder Kokosraspeln wälzen – fertig ist der schnelle und leckere Energiesnack!

TIPP
In einer gut schließenden Dose aufbewahren und vor dem Verzehr eine Weile in den Kühlschrank stellen!

WARUM *fallen wir beim Fahrradfahren nicht um …*

Wenn wir Radfahren erst mal gelernt haben, geht es ganz einfach. Der wichtigste Grund dafür ist unser Gleichgewichtssinn, der im Ohr sitzt. Er sorgt dafür, dass wir die Schwankungen während der Fahrt gut ausgleichen können. Außerdem sind Fahrräder extra so gebaut, dass es leichtfällt, das Gleichgewicht zu halten.

Beim Radfahren sind wir ständig am Balancieren. Droht das Fahrrad nach links zu kippen, bewegen wir unseren Körper automatisch nach rechts. Dadurch halten wir das Rad in der Mitte stabil.

Zusätzlich hilft uns die spezielle Bauweise der Fahrradgabel, die von der Mitte des Rades zum Lenker führt, die Balance zu halten – genauso wie die Kreisel-Eigenschaften der Räder. Denn bei einem Fahrradreifen ist es wie bei einem Spielzeugkreisel: Ist er in Bewegung, stabilisiert er sich, auch bei kleineren Störungen, immer wieder selbst. Er fängt erst an zu schlingern, wenn er langsamer wird.

Genauso ist es auch beim Fahrradfahren: Je schneller wir fahren, desto weniger geraten wir ins Schwanken.
Beim Langsamfahren ist es viel schwieriger, das Gleichgewicht zu halten.

... brauchen aber trotzdem einen Fahrradhelm

Auch wenn wir sicher Fahrrad fahren, können wir einen Unfall haben oder stürzen – und sei es nur, weil wir oder andere einmal kurz nicht aufgepasst haben. Ein gut sitzender Helm schützt unseren Kopf dabei nachweislich vor schweren Verletzungen. Deshalb sollten wir immer einen Fahrradhelm tragen – auch wenn es keine Pflicht ist.

Auslöser eines Sturzes oder Unfalls können andere Radfahrerinnen und Radfahrer, Autos und andere Fahrzeuge, Fußgänger und Fußgängerinnen, aber auch schlicht Hindernisse wie Bordsteinkanten oder die eigene Unaufmerksamkeit sein.

Fallen wir bei einem Unfall auf den Kopf, fängt der Helm mit seinem festen Schaumstoff einen Teil des Stoßes ab. Er kann uns also nicht vor einem Unfall an sich schützen; aber das Risiko, sich dabei schwere Kopf- oder Hirnverletzungen zuzuziehen, ist mit Helm deutlich geringer.

Der Melonentest

IHR BRAUCHT

- zwei etwa kopfgroße Melonen
- einen alten Fahrradhelm

DER VERSUCH

1. Die erste Melone wird aus 1,5 Metern Höhe auf den Boden oder in ein geeignetes Gefäß fallen gelassen.
2. Ihr wiederholt den Versuch mit der zweiten Melone. Allerdings wird diese zuvor in den ausrangierten Fahrradhelm gesteckt und festgegurtet.
3. Vergleicht die „Verletzungen“ der Melonen!

Raus mit euch!

DIE COOLSTEN GARTENSPIELE

Endlich wieder draußen spielen, ohne dass die dicke Winterjacke und die klobigen Stiefel beim Rennen, Klettern und Toben stören – auch das ist Frühling! Mit diesen Spielen für den Garten oder Park machen die ersten warmen Tage noch mehr Spaß.

DETEKTIVSPIEL

Spürnase

ANZAHL DER KINDER mindestens 2, alternativ ein Kind und ein Erwachsener

IHR BRAUCHT einen oder mehrere Schätze (zum Beispiel schöne Steine, große Muscheln, kleine Bretter oder Zapfen, Hauptsache, ihr erkennt sie wieder); einen abgeschlossenen oder festgelegten Bereich, wo das Spiel stattfindet, zum Beispiel einen Garten oder einen Spielplatz

VORBEREITUNG Legt die Schätze fest und verteilt die Rollen möglichst gleichmäßig entsprechend der Kinderanzahl. Je nach Gruppengröße sind ein oder mehrere Kinder die Diebe oder Diebinnen und ein oder mehrere die Detektive oder Detektivinnen.

SO GEHT'S Bei diesem Spiel sind gute Beobachtungsgabe und Kreativität gefragt: Die Detektive und Detektivinnen haben Hinweis auf einen geplanten Raub bekommen und machen sich daran, die Schätze in Sicherheit zu bringen. Doch die Diebinnen bzw. Diebe liegen bereits auf der Lauer und beobachten sie. Für die Detektive und Detektivinnen geht es nun also darum, möglichst unauffällig ein sicheres Versteck für die Schätze zu finden. Seid ihr zu mehreren, könnt ihr zum Beispiel versuchen, die Diebe oder Diebinnen abzulenken, während ein Kind aus eurem Team schnell die Reichtümer versteckt. Letztere versuchen anschließend trotzdem, Beute zu machen, und begeben sich auf die Suche nach den Schätzen. Auch dabei könnt ihr euch gegenseitig wieder ablenken und auf falsche Fährten locken. Finden die Diebe oder Diebinnen die Schätze, ist es nun an ihnen, ein gutes Versteck dafür zu finden, das wiederum von den Detektiven und Detektivinnen aufgespürt werden muss …

Ihr könnt das Spiel entweder endlos weiterspielen oder ihr legt vorab ein Spielziel fest, zum Beispiel, dass die Detektive und Detektivinnen gewonnen haben, wenn die Diebe oder Diebinnen entweder das Versteck gar nicht erst finden oder sie ihnen das Diebesgut wieder abgejagt haben. Gelingt ihnen das nicht (dazu könnt ihr auch eine Zeit vorgeben), sind die Diebe und Diebinnen siegreich.

VARIANTE Ihr seid stattdessen Piratinnen und Piraten, die auf Beutezug gehen und gejagt werden.

SUCHSPIEL

Finde den Frühling!

ANZAHL DER KINDER mindestens 2

IHR BRAUCHT Zettel, Stifte, eventuell Stoppuhr

VORBEREITUNG Überlegt euch gemeinsam typische Frühlingsdinge wie Blumen (Krokus, Tulpe ...), Tiere (Biene, Zitronenfalter ...) oder Knospen und schreibt oder malt sie auf eine Liste.

SO GEHT'S Die Kinder begeben sich draußen auf die Suche nach dem Frühling und müssen die „Dinge“ auf ihrer Liste abhaken. Es gewinnt das Kind, das als Erstes alles gefunden hat. Alternativ könnt ihr auch eine Zeit festlegen, zum Beispiel zehn Minuten, und die Zeit stoppen. Wer mit Ablauf der Uhr am meisten gefunden hat, ist die Siegerin oder der Sieger. Spielen viele Kinder mit, könnt ihr auch in Gruppen gegeneinander antreten.

WICHTIGSTE REGEL Bei Pflanzen und Tieren gilt: Nur gucken, nicht anfassen! Tiere sollten durch euer Spiel nicht gestört werden und viele Frühlingsblumen sind giftig.

FANGSPIEL

Sonne und Eisheilige

ANZAHL DER KINDER mindestens 4 bis 5, je mehr, desto besser

VORBEREITUNG In diesem Spiel gibt es verschiedene Rollen, die zunächst verteilt werden müssen: Ein oder zwei Kinder (je nach Gruppengröße) sind jeweils die Sonne (Erlöser und Erlöserinnen) und die Eisheiligen (Fänger und Fängerinnen). Alle anderen Kinder sind die Gejagten.

SO GEHT'S Stellt euch vor, es ist Mai und schon recht warm, doch plötzlich brechen die Eisheiligen über euch herein und gefrieren alles, was sie berühren. Jedes Kind, das von einem Eisheiligen getickt wird, friert ein und darf sich nicht mehr bewegen. Zum Glück gibt es die Frühlingssonnen, die sich größte Mühe geben, alles wieder aufzutauen. Legt eine Sonne ihre Hände auf den Kopf oder um den Bauch des eingefrorenen Kindes, taut es auf und darf wieder mitspielen. Doch Achtung: Auch die Sonnen können getickt werden – sie müssen dann für 10 Sekunden aussetzen (am besten zählt die jeweilige Sonne laut bis 10). Sind alle Gejagten gleichzeitig eingefroren, haben die Eisheiligen gewonnen. Gelingt es den Sonnen, dass kein Kind mehr gefroren ist, haben sie gewonnen. Nach einer Runde werden die Aufgaben neu verteilt, damit am besten jedes Kind mal in eine der drei Rollen schlüpfen kann.

VARIANTE Ihr könnt euch natürlich auch ein anderes Spielziel ausdenken oder einfach eine Zeit festlegen. Es gewinnt dann zum Beispiel, wer nach Ablauf der Zeit noch im Spiel ist.

WARUM werden die Tage im Frühling länger?

Ein Tag hat immer 24 Stunden. Daran ist nicht zu rütteln. Er besteht aber aus Tag und Nacht. Wie lange es draußen hell und wie lange es dunkel ist, hängt damit zusammen, wann die Sonne auf- bzw. untergeht. Im Frühjahr und Sommer geht die Sonne früher auf und später unter als im Herbst oder Winter. Der helle Tag draußen wird im Winter und Frühling länger. Die dunkle Nacht dafür kürzer.

Schon ab dem 22. Dezember, also noch im tiefsten Winter, werden die Tage bei uns langsam wieder länger. Aber erst im Frühling ist das richtig zu merken. Denn im Februar und März ist es bei uns jeden Tag drei bis vier Minuten länger hell als am Tag davor. In einer Frühlingswoche verlängert sich die Tagesdauer also um knapp eine halbe Stunde.

8+

Die Entstehung von Tag und Nacht

Dass wir Tag und Nacht, aber auch Jahreszeiten haben, liegt an drei Dingen:

1. dass die Erde um die Sonne kreist (dafür braucht sie ungefähr ein Jahr),
2. dass der Mond um die Erde kreist (dafür braucht er einen Monat) und
3. dass sich die Erde sich um sich selbst dreht. Dafür braucht sie knapp 24 Stunden.

Auf der Seite der Erde, die von der Sonne angeschienen wird, ist Tag. Auf der anderen Nacht. Würde die Sonne dabei immer im gleichen Winkel zur Erde stehen, wären Tag und Nacht genau gleich lang.

Der Mond wiederum stabilisiert die Erdachse und sorgt damit für eine Gleichmäßigkeit der Jahreszeiten.

Wann ...

... ist der kürzeste Tag des Jahres?
Um den 21. Dezember:
WINTERSONNENWENDE

... ist der längste Tag des Jahres?
Um den 21. Juni:
SOMMERSONNENWENDE

... sind Tag und Nacht fast genau gleich lang?
Um den 20. März und den 22. September:
TAG-NACHT-GLEICHE

Klima versus Wetter

In den vergangenen 30 Jahren gab es im April immer mehr längere warme Phasen mit viel Sonnenschein und wenig Niederschlag. Das Aprilklima, also das über längere Zeit beobachtete Wetter, befindet sich im Wandel – das typische, wechselhafte Aprilwetter gibt es aber trotzdem noch!

WARUM macht der April, „was er will“?

Im April sind schnelle Wetterumschwünge auf der gesamten Nordhalbkugel nicht selten: Auf Sonnenschein folgt innerhalb kürzester Zeit Regen, oft sogar Schnee. Der Grund dafür ist der Jahreszeitenwechsel.

Im Frühling steht die Sonne von Tag zu Tag höher am Himmel und hat dabei immer mehr Kraft. Sie scheint gleichermaßen auf die Land- und Meerregionen. Die Luftmassen über dem Land erwärmen sich aber schneller. Dadurch entstehen Temperaturunterschiede, die sich automatisch durch Winde ausgleichen: Über dem Land steigt warme Luft nach oben und kühlt sich ab, während vom Meer kalte Luft nachrückt und an der Küste für Wind sorgt. Diese starken Winde führen zu schnellen Wetterwechseln.

WAS ist Hagel?

Niederschlag, also Wasser, das vom Himmel kommt, gibt es als Regen, Schnee, Graupel – oder eben in seiner größten Form: dem Hagel. Hagelt es, fallen richtige Eiskugeln oder Eisklumpen auf die Erde hinab. Wetterforscher und Wetterforscherinnen sprechen aber erst von Hagel, wenn die einzelnen Hagelkörner mindestens einen Durchmesser von fünf Millimetern haben, also etwa so dick sind wie dein kleiner Finger!

Hagelkörner bilden sich in hohen Gewitterwolken, in denen es starke Luftströme nach oben und nach unten gibt. Außerdem enthalten diese Wolken viel Wasser. Weil es dort oben sehr kalt ist, gefrieren die Wassertropfen zu Eiskörnern. Durch die Auf- und Abwinde werden sie immer wieder hoch- und runtergewirbelt. Dabei sammelt das Eiskorn weitere Wassertröpfchen aus der Luft auf, die sofort an ihm festfrieren. So wird es immer größer und erhält eine zwiebelförmige Struktur.

Werden die Eiskörner zu schwer, fallen sie zur Erde hinab. Ist es unten sehr warm, schmelzen sie noch auf ihrem Weg zu großen Regentropfen. Wenn die Luft in der Höhe aber kalt genug ist oder sie sich durch ein Gewitter stark abgekühlt hat, kommen die Eisklumpen als Hagel unten an.

Hagelrekorde

20 ZENTIMETER im Durchmesser hatte das größte jemals gefundene Hagelkorn (2010, USA).

MINUS 80 GRAD CELSIUS kann es in den oberen Schichten der hohen Gewitterwolken kalt werden.

12 KILOMETER HOCH können Hagelkörner innerhalb der Wolke in die Luft gewirbelt werde.

Ausprobieren!

Die zwiebelförmige Struktur eines Hagelkorns könnt ihr sehen, wenn ihr es einmal in der Mitte durchschneidet!

WARUM *ist das Gras morgens nass*?

Das ist schon verblüffend: Die Morgensonne scheint, du guckst aus dem Fenster – und alles ist nass. Obwohl keine Regenwolke weit und breit zu sehen ist. Die Feuchtigkeit kommt aus der Luft – deshalb wird auch von Luftfeuchtigkeit gesprochen.

Geht abends die Sonne unter, kühlt sich die Luft automatisch ab – und kalte Luft kann Feuchtigkeit schlechter speichern als warme. Die Luft gibt die Nässe deshalb im Laufe der Nacht wieder ab. Die ehemalige Luftfeuchtigkeit sehen wir morgens in Form von zahlreichen Wassertropfen auf der Erde. Das wird auch Morgentau genannt.

WARUM *gibt es nicht überall auf der Welt Frühling* ?

Der Frühling wird, wie unsere anderen Jahreszeiten auch, von der Drehung und der Neigung der Erde beeinflusst. Da die Jahreszeiten davon bestimmt werden, in welchem Winkel die Sonnenstrahlen auf die Erde treffen, finden die Jahreszeiten auf der Nordhalbkugel, also bei uns, zu einem anderen Zeitpunkt statt als auf der Südhalbkugel **(siehe Seite 5).**

Ist bei uns Frühling, ist auf der Südhalbkugel, also zum Beispiel in Südafrika oder Australien, Herbst. Und umgekehrt genauso: Während der Frühling dort etwa zwischen September und Oktober beginnt, fängt er bei uns zwischen Februar und März an.

Je näher man dem Äquator kommt, also dem Übergangsbereich zwischen Nord- und Südhalbkugel, desto weniger sind die Jahreszeiten voneinander zu unterscheiden. Dort ist es das ganze Jahr über tropisch heiß, es wechseln sich nur feuchtere und trockenere Phasen ab, auch Regen- und Trockenzeit genannt.

Auch an Nord- und Südpol sind die Jahreszeiten längst nicht so deutlich zu spüren wie bei uns, da es dort immer sehr kalt ist. Aber auch dort gibt es im Frühjahr wärmere, lange Tage und kurze Nächte, da die Sonne während des Frühlings dort ebenfalls länger scheint. Es gibt außerdem einen sehr kurzen Sommer, in dem es wärmer als null Grad Celsius werden kann und fast gar nicht dunkel wird. Die Winter sind dafür besonders kalt, lang und dunkel.

WIE wirkt sich der Klimawandel auf unsere Jahreszeiten aus?

Wissenschaftlerinnen und Wissenschaftler haben die Jahreszeiten über 60 Jahre lang genau beobachtet. Durch den Klimawandel haben sich Frühling, Sommer und Herbst auf der Nordhalbkugel, im Vergleich zu den ersten 30 Jahren des Beobachtungszeitraums, in den vergangenen 30 Jahren um etwa ein bis zwei Wochen nach vorne verschoben.

Die genauen Zahlen aus Deutschland zeigen: Begann der Frühling bei uns früher im Durchschnitt Anfang März, beginnt er jetzt in der Regel bereits Mitte Februar. Dadurch dass der Winter im Vergleich aber nicht früher einsetzt, wird die kalte Jahreszeit kürzer. Außerdem lässt sich beobachten, dass die Übergangsjahreszeiten Frühling und Herbst länger werden. Der Sommer bleibt zwar von der Länge ungefähr gleich, wird dafür aber heißer.

Mitmachen!

Mit unseren Beobachtungsbögen (ab Seite 180) könnt ihr selbst zu Wetter- und Klimaforschenden werden. Wenn ihr mögt, füllt sie doch einmal über mehrere Jahre hinweg aus und vergleicht eure Ergebnisse miteinander! Dafür könnt ihr die Bögen hier herunterladen, ausdrucken und kopieren:

WARUM *kriegt unser Auto jetzt andere Reifen*?

Von O bis O – so lautet die Eselsbrücke zum Reifenwechsel. Sie bedeutet: von Ostern bis Oktober fahren wir mit Sommerreifen, von Oktober bis Ostern mit Winterreifen. Wir wechseln die Reifen, da je nach Jahreszeit und den jeweiligen Wetterbedingungen, unterschiedliche Dinge wichtig sind, damit wir sicher unterwegs sind.

WINTERREIFEN haben tiefere Rillen (Profil) und bestehen aus einer weicheren Gummimischung als Sommerreifen. Beides sorgt dafür, dass sie bei Schnee und Eis besser an der Fahrbahn haften bleiben. Mit ihnen haben die Autos bei glatter Straße besseren Halt, zum Beispiel beim Gasgeben, Bremsen oder in Kurven.

SOMMERREIFEN sind deutlich härter und die Gummimischung hält Hitze besser aus. Sie gehen dadurch nicht so schnell kaputt. Gleichzeitig bieten Sommerreifen bei Nässe einen guten Halt.

GANZJAHRESREIFEN sind für Autos, mit denen hauptsächlich bei mäßigen Temperaturen oder in der Stadt gefahren wird. Sie müssen zwar nicht gewechselt werden, sind aber nicht für extreme Wetterbedingungen geeignet, sei es warm oder kalt.

Fakten zu falschen Reifen

8+

WINTERREIFEN im Sommer zu verwenden, ist zwar keine gute Idee, in Deutschland aber bisher nicht verboten. Sie sind jedoch sehr hitzeanfällig. Außerdem wird der Bremsweg länger, was zu Unfällen führen kann.

Im Winter mit SOMMERREIFEN bei „Glatteis, Schneeglätte, Schneematsch, Eis- oder Reifglätte" zu fahren, ist in Deutschland per Gesetz verboten. Das ist nämlich wirklich gefährlich!

Schon gewusst?!

Es gibt auch Winterreifen fürs Fahrrad. Diese sind mit kleinen Dornen (Spikes) ausgerüstet, die auf glatten oder verschneiten Straßen für besseren Halt sorgen. Ihr könnt also auch im Winter sicher UND umweltfreundlich unterwegs sein!

Frühjahrscheck fürs Fahrrad

Nicht nur die Wohnung könnt ihr im Frühling einem Frühjahrsputz unterziehen. Auch euer Fahrrad freut sich nach dem Winter sicher über etwas Pflege. So macht ihr eure Räder wieder fit für den Sommer.

FÜR DIE GANZE FAMILIE!

Extratipp für Kinderräder

Kontrolliert, ob der Sattel und der Lenker noch die richtige Höhe haben – gerade, wenn ihr im Winter seltener mit dem Fahrrad unterwegs wart!

IHR BRAUCHT

1. Bürste, Tücher, Schwamm und Eimer (mit warmem Wasser)
2. Reinigungsmittel (es reicht mildes Spülmittel)
3. Schmiermittel
4. Werkzeug: Inbusschlüssel, 15-Millimeter-Maulschlüssel, Kreuz- und Schlitzschraubendreher, eventuell Fahrrad-Multitool
5. Luftpumpe

Das verkehrssichere Fahrrad

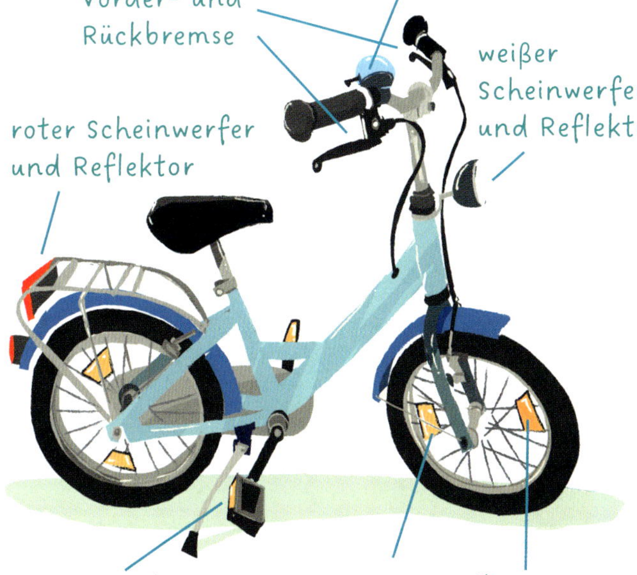

SO GEHT'S

1. **PUTZEN** Matsch, Schnee und Streusalz haben eurem Fahrrad zugesetzt. Mit Bürste, Schwamm, Tüchern und etwas warmem Seifenwasser könnt ihr alle Teile (außer Kette und Schaltung) schonend reinigen.

   ACHTUNG Bitte keinen Hochdruckreiniger benutzen! Der Dreck geht damit zwar ab, der starke Strahl dringt aber auch in Teile ein, wo das Wasser Schaden anrichten kann.

2. **SCHRAUBEN NACHZIEHEN UND BREMSEN TESTEN** Glänzt das Fahrrad wieder, geht es um Sicherheit – bremst es noch gut? Sind alle Schrauben fest?

3. **FETTEN** Nach der Reinigung solltet ihr die Kette, Schaltung und auch die Federelemente, zum Beispiel an der Fahrradgabel, mit einem Fahrradketten- bzw. speziellen Pflegeöl fetten.

   ACHTUNG Öl darf nur an Kette, Federn und Schaltung, nicht an die Bremsen und Bremsscheiben kommen!

   TIPP FÜR KETTENSCHALTUNGEN
   Entfernt zunächst mit einem trockenen Tuch Schmutz und altes Öl von der Kette. Dabei dreht ihr an der Pedale gleichmäßig rückwärts. Anschließend ölt ihr jedes Kettenglied von innen, am besten mit einer Tropfflasche, und schaltet anschließend noch mal alle Gänge durch, damit es sich gut verteilt.

4. **REIFEN AUFPUMPEN** Zum Schluss pumpt ihr die Räder bis zum empfohlenen Luftdruck auf (steht seitlich auf dem Reifen) und kontrolliert sie noch mal rundherum auf Beschädigungen. Stark abgefahrene, kaputte oder verschlissene Reifen solltet ihr ersetzen, kleine Löcher können geflickt werden.

5. **BELEUCHTUNG TESTEN** Kontrolliert zum Schluss noch einmal, ob alle Lampen funktionieren und euer Fahrrad auch sonst verkehrssicher ist!

Wir feiern den FRÜHLING!

Nicht nur unsere Laune hebt sich, wenn die Tage länger werden. In vielen Teilen der Welt werden das Ende des Winters und der Beginn der wärmeren Jahreszeit sogar richtig gefeiert.

Dita e Verës

(albanisch für „Sommertag")

WO? Albanien
WANN? 14. März
WIE? Feiertag mit Festumzügen, Feuer, Tanz und Musik, den die Menschen mit ihren Freunden und ihrer Familie verbringen. Am „Sommertag" treffen sich viele Menschen draußen zum Picknicken und ziehen sich besonders bunt an.

Holi

WO? Indien, Nepal
WANN? Februar bis März
WIE? Zwei- oder mehrtägiges, sehr ausgelassenes Fest mit Musik und Tanz, bei dem der Sieg des Guten über das Böse gefeiert wird. Beim „Fest der Farben" bewerfen sich die Menschen mit buntem Farbpulver oder gefärbtem Wasser.

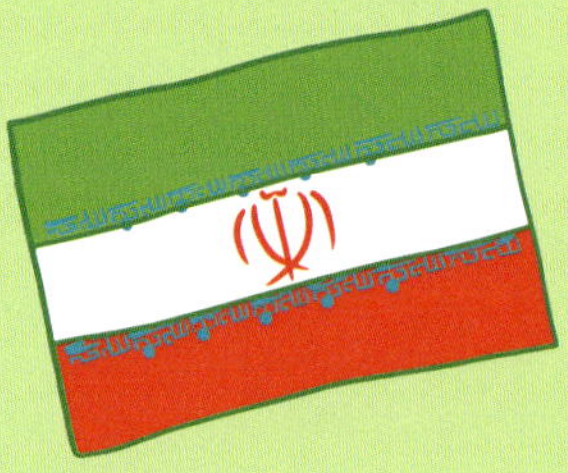

Nouruz

(persisch für „Neuer Tag")

WO? Vor allem im Iran, Afghanistan, Kirgisistan, Tadschikistan, Turkmenistan und Usbekistan
WANN? 20. oder 21. März
WIE? Festliches und geselliges Fest, bei dem Freunde und Familie zusammenkommen, um den Beginn des Frühlings und des neuen Jahres zu feiern. In der Nacht zu Nouruz wird traditionell ein Feuer angezündet, um das alte Jahr zu vertreiben und Platz für das neue zu schaffen.

Songkran

(thailändisch für „Übergang")

WO? Thailand, Laos und Kambodscha
WANN? 13. bis 15. April
WIE? Neujahrsfest der Thai-Völker, währenddessen die Menschen Freunde und Familie besuchen und einander beschenken oder in den Tempel gehen, um zu beten. Wird auch „Wasserfest" genannt, weil die Menschen sich zur Reinigung und Erneuerung fürs neue Jahr mit Wasser bespritzen. An vielen Orten gibt es heute richtige Wasserschlachten, bei denen unter anderem Eimer, Wasserpistolen und sogar Feuerwehrschläuche zum Einsatz kommen.

Frühlingsfeste in Deutschland

WO? Eisenach („Sommergewinn"), München, Stuttgart, Hannover, Nürnberg u. a.
WANN? März bis Mai
WIE? Große Volksfeste, die zwar als „Frühlingsfest" bezeichnet werden, mit dem Erwachen der Natur aber wenig zu tun haben.

Walpurgisnacht

WO? Nord- und Mitteleuropa, vor allem in Norddeutschland und Skandinavien
WANN? Nacht vom 30. April auf den 1. Mai
WIE? Wird als fröhlicher „Tanz in den Mai" oder „Maifest" oder als eine Art „Frühlings-Halloween" gefeiert, das Feuer, Hexentänze und andere nicht religiöse Bräuche umfasst. Das bekannteste Walpurgisnacht-Fest Deutschlands findet auf dem Brocken im Harz statt, wo sich die Hexen – der Legende nach – in der letzten Aprilnacht mit dem Teufel treffen.

Sechseläuten

WO? Zürich (Schweiz)
WANN? Mitte April
WIE? Großes Frühlingsfest mit Festumzügen. Der Höhepunkt ist das traditionelle Verbrennen des Winters in Form eines Schneemanns („Böögg").

Was sind Traditionen?

Tradition im Sinne von Brauchtum heißt, etwas zu tun, was Menschen innerhalb einer bestimmten Gruppe oder Kultur schon ganz früher genauso gemacht haben.

Oft sind Traditionen religiöser oder kultureller Art und beschränken sich auf einzelne Länder oder Regionen. Spezielle Bräuche sind dabei quasi die Ausführung der Tradition. Christliche Traditionen sind zum Beispiel das Oster- und das Weihnachtsfest. Und dass in Deutschland der Osterhase und der Weihnachtsmann kommen, sind dann dazugehörige Bräuche. Manchmal geraten Traditionen in die Kritik oder werden nicht weiter fortgeführt, weil jüngere Leute sie für nicht mehr zeitgemäß halten.

Die kuriosesten OSTERBRÄUCHE *weltweit*

Viele Menschen auf der ganzen Welt feiern Ostern, aber längst nicht alle mit bunten Eiern, Schokolade und niedlichen Osterhasen. Stattdessen gibt es weltweit so einige Osterbräuche, die mehr nach Kinderspiel klingen als nach Tradition.

Heringsbegräbnis

WO? Irland
WAS? Durch das symbolische Begraben von Heringen wird gleichzeitig auch die Fastenzeit beerdigt, die traditionell an Ostern endet.
WARUM? Heringe waren in Irland früher die Hauptnahrung in der Fastenzeit. Das Heringsbegräbnis steht dafür, dass nun „endlich“ wieder Fleisch gegessen werden darf, und es wird meist von Fleischern organisiert.

Eierrollen

WO? USA und Ostfriesland
WAS? Die hart gekochten Eier werden einen kleinen Hügel heruntergerollt – auf Einladung des amerikanischen Präsidenten am Weißen Haus in Washington (USA). Aber auch in Ostfriesland werden Eier gerollt. Wessen Ei am weitesten kommt (USA) oder nicht kaputtgeht (Ostfriesland), gewinnt. Allerdings werden die Eier in den USA mit einem Löffel angestoßen, während die Eier in Ostfriesland beim „Eiertrullern“ nur am Anfang geworfen werden und dann alleine den Berg hinabrollen müssen.
WARUM? Geht vermutlich auf einen heidnischen Brauch zurück, denn das Ei stand für Leben, Fruchtbarkeit und Glück. Die deutsche Tradition wurde erstmals im 16. Jahrhundert erwähnt.

Wasserschlacht

WO? Polen
WAS? Am Ostermontag wird in Polen alles hervorgeholt, was nass macht: Wasserpistolen, Eimer, Wasserbomben, mitunter sogar Löschfahrzeuge der Feuerwehr – und dann startet überall in den Straßen die große Oster-Wasserschlacht.
WARUM? Der Brauch stammt aus dem Mittelalter, in dem Männer am Morgen des Ostermontags ins Haus ihrer Angebeteten eindrangen und die Frau mit Wasser übergossen. Der Brauch hat sich über die Jahrhunderte also etwas verändert.

Pfannkuchenrennen

WO? Olney, Großbritannien
WAS? Wettrennen von Frauen am „Pancake Tuesday" (Fastnacht), bei dem die Läuferinnen einen Pfannkuchen in einer Bratpfanne balancieren müssen; findet bereits seit 1445 statt und endet traditionell an der Kirchentür.
WARUM? Nicht wirklich ein Osterbrauch, aber symbolischer Beginn der Fastenzeit; geht mutmaßlich auf die Geschichte von einer Hausfrau zurück, die beim Läuten der Kirchenglocke – noch mit Bratpfanne und Pfannkuchen – zur Kirche stürmte.

Der Oster-Bilby

WO? Australien
WAS? Auf dem kleinsten Kontinent der Erde verdrängt der niedliche Bilby, der Kaninchennasenbeutler, schon seit vielen Jahren zunehmend den klassischen Osterhasen.
WARUM? Hasen und Kaninchen gelten in Australien als ziemliche Plage, weil sie massenhaft eingeschleppt wurden, sich sehr stark vermehrt und heimische Tiere verdrängt haben, zum Beispiel den Nasenbeutler. Der „Oster-Bilby" ist also auch eine Naturschutz-Maßnahme, weil die kleinen Nager dadurch mehr Beachtung kriegen und besser geschützt werden.

Warum feiern wir Ostern?

Ostern ist das höchste Fest des Christentums. Am Karfreitag wird des Tods Jesu gedacht, am Ostersonntag seine Auferstehung gefeiert. Gleichzeitig endet die Fastenzeit. Ostern fällt immer auf den ersten Sonntag nach dem ersten Vollmond nach Frühlingsanfang.

Im Judentum findet zum selben Zeitpunkt das Pessachfest statt, das an die Befreiung der Israeliten und Israelitinnen aus der Sklaverei erinnert.

Die Germanen und Germaninnen feierten Fruchtbarkeitsfeste, bei denen sie zu Ehren der Göttin Ostara Feuer anzündeten. Darauf gehen noch heute unsere Osterfeuer zurück.

Die Hauptflugzeit der Schmetterlinge beginnt.

Frühmorgens schlüpfen an See- und Teichufern die Libellen aus ihren Larvenhäuten und lassen sich jetzt besonders gut beobachten.

JUNI

JULI

Flügge gewordene Jungvögel sind nun im Garten zu entdecken. Außerdem beginnt die Zeit der Naschkatzen, denn Erdbeeren, Süßkirschen und Co. sind jetzt reif.

Aus den Kaulquappen haben sich viele kleine Frösche entwickelt, die sich nun an Land begeben.

SOMMER, *Sonne, See!*

Die ersten Zugvögel machen sich schon wieder auf ihre Reise in den Süden, zum Beispiel der Mauersegler und der Pirol.

Über gemähten Wiesen und abgeernteten Feldern könnt ihr jetzt gut Greifvögel, wie den Turmfalken, bei der Mäusejagd beobachten.

AUGUST

Auf den Feldern blühen der rote Klatschmohn sowie die blaue Kornblume und das Getreide färbt sich goldgelb.

Seerosen bilden auf Seen und Teichen riesige Blütenteppiche.

WAS ist ein Blühstreifen?

Blühstreifen findet ihr vor allem an Feldrändern. Auf den meist mehrere Meter breiten Landstücken wird entweder eine Mischung blühender Pflanzen ausgesät oder die Natur sich selbst überlassen (Grünbrache). Die Blühpflanzen bieten Insekten Nahrung und anderen Tieren, zum Beispiel am Boden brütenden Vögeln oder kleinen Säugetieren, einen Rückzugsort.

Blühstreifen sollen – als Ausgleich für landwirtschaftlich genutzte Flächen – eigentlich dem Artenschutz dienen. Doch Vorsicht: Die Idee dahinter stimmt zwar, aus Naturschutzsicht gibt es aber auch Kritikpunkte. Zum einen sind die Streifen oft zu schmal und nur einjährig – besser sind mehrjährige Blühwiesen oder Grünbrachen im Feld, nicht am Rand. Denn auch Räuber wie der Fuchs wissen, dass sich kleine Beutetiere in die Streifen zurückziehen und gehen hier gezielt auf Patrouille. Außerdem eignen sich nicht alle im Handel angebotenen Samenmischungen gleich gut für unsere zum Teil sehr spezialisierten heimischen Insektenarten.

Das richtige Saatgut

8+

Wenn ihr in eurem Garten eine Blühmischung aussäen wollt, achtet darauf, dass es sich um heimische Pflanzen handelt und nicht um einjährige Exoten. Nachhaltig ist eine Mischung aus ein- oder zweijährigen Wild- oder Kulturpflanzen und mehrjährigen Wildpflanzen. Im Frühling oder Frühsommer ausgesät, habt ihr dann schon im ersten Sommer eine schöne bunte Bienenweide und in den darauffolgenden Jahren eine echte Wildblumenwiese. Speziell auf eure Region abgestimmte Saatmischungen findet ihr im Internet unter der Bezeichnung „Regiosaat" oder „naturraumtreues Saatgut".

Insektenstars

Bei uns heimische Wildpflanzen:

Steckbriefe

Kornblume

TYP einjährige Wildpflanze
BLÜTENFARBE blau
BLÜTEZEIT Juni bis Oktober
BELIEBT BEI Bienen
WISSENSWERTES stammt ursprünglich aus dem Mittelmeerraum, ist aber schon seit der Steinzeit bei uns heimisch; oft auf oder an Getreidefeldern; ihr Nektar hat einen besonders hohen Zuckergehalt; Blüten essbar

Klatschmohn

TYP ein- bis zweijährige Wildpflanze
BLÜTENFARBE rot
BLÜTEZEIT Mai bis Juli
BELIEBT BEI Bienen und Hummeln
WISSENSWERTES sehr guter Pollenspender; heißt so, weil die großen biegsamen Blütenblätter, zum Beispiel bei Wind und Regen, mit einem klatschenden Geräusch aneinanderschlagen
ACHTUNG giftiger Milchsaft!

Wiesen-Salbei

TYP mehrjährige Wildpflanze
BLÜTENFARBE blaulila, selten hellblau oder rosa
BLÜTEZEIT Mai bis August
BELIEBT BEI Hummeln, Bienen, Schmetterlingen und ihren Raupen
WISSENSWERTES verfügt über einen speziell auf Hummeln ausgelegten Bestäubungsmechanismus, durch den das Insekt regelrecht mit Blütenstaub eingepudert wird; essbar

Wiesen-Witwenblume

TYP mehrjährige Wildpflanze
BLÜTENFARBE blau- bis rotlila
BLÜTEZEIT Mai bis August
BELIEBT BEI Wildbienen, Schmetterlingen und Vögeln
WISSENSWERTES auch unter anderen Namen bekannt, zum Beispiel Krätzkraut, weil sie früher auch als Heilpflanze bei Krätze eingesetzt wurde; Blätter und Blüten essbar

Gewöhnlicher Natternkopf

TYP zweijährige Wildpflanze
BLÜTENFARBE rosa bis blau, selten weiß
BLÜTEZEIT Mai bis September
BELIEBT BEI Hummeln und Vögeln
WISSENSWERTES ändert im Laufe der Blütezeit ihre Blütenfarbe von rot (in der Knospe) über rosa (am meisten Nektar) bis blau (ganz geöffnet); blüht erst im zweiten Jahr; Blütenform erinnert an einem Schlangenkopf
ACHTUNG giftig

Wilde Möhre

TYP mehrjährige Wildpflanze
BLÜTENFARBE weiß
BLÜTEZEIT Juni bis September
BELIEBT BEI Bienen und Schmetterlingsraupen
WISSENSWERTES manche Blüten haben in der Mitte eine kleine dunkle Scheinblüte, die wie ein Insekt aussieht, um weitere anzulocken; Wildform unserer Gartenmöhre; Kraut und Rüben essbar

WELCHE *Farben mögen Insekten*?

Auch in der Insektenwelt sind die Geschmäcker verschieden. Manche Käfer stehen auf Weiß, besonders beliebt sind aber die Farben Gelb und Orange. Das ist gut zu wissen, denn so stürzen sich beispielsweise die kleinen schwarzen Rapsglanzkäfer auch auf alles andere, was gelb ist – sogar auf Vanilleeis! Bienen mögen neben gelben auch sehr gerne blaue Blüten.

Lasst im Sommer also lieber die Hände von diesen Farben, auch wenn ein sonnengelbes T-Shirt noch so sommerlich aussieht! Denn damit macht ihr den Blüten Konkurrenz – und lockt besonders viele Insekten an. Für draußen besser geeignet sind gedeckte Naturtöne sowie dunkles Rot oder Blau.

Mache deinen Versuch an einem möglichst windstillen und sonnigen Tag!

AUSPROBIEREN

Auf welche Farben fliegen Insekten?

(Versuchsdauer mindestens 30 Minuten)

DAS BRAUCHT IHR buntes Kopier- oder Tonpapier, Wäscheleine und Klammern oder Locher und Schnur, etwas Geduld, Stift und Zettel oder unseren Beobachtungsbogen (S. 181)

SO GEHT'S Hänge mehrere Blätter verschiedenfarbiges Papier, zum Beispiel in Rot, Gelb, Grün, Blau, Orange und Weiß, an eine Wäscheleine. Oder loche das Papier und fädele es auf eine Schnur, die du beispielsweise zwischen zwei Bäumen aufhängst.
Ziehe dich anschließend etwas zurück und beobachte: Wie viele Insekten landen auf welcher Farbe – und kannst du vielleicht sogar Vorlieben verschiedener Arten erkennen? Notiere dir deine Versuchsergebnisse!

WIE *können Blumen zwischen Steinen wachsen* ?

Ob im Steingarten oder in den Bergen – manche Blumen scheinen auf den kargsten Steinen blühen zu können. Diese Blumen haben sich auf ein Leben mit wenig Wasser und Nährstoffen spezialisiert. Deshalb kommen sie mit weniger von beidem aus als andere Pflanzenarten.

Gebirgsblumen haben besonders feine und lange Wurzeln, mit denen sie sich quasi durch die Felsen durchschlängeln und die wenigen Nährstoffe aufnehmen können. Außerdem können viele von ihnen – wie ein Schwamm – das Wasser in ihren dicken Blättern und Stängeln speichern. Steingartenpflanzen werden nach ihrem Vorbild in Gärtnereien nachgezüchtet.

Voraussetzung dafür, dass zwischen Steinen Blumen wie Steinbrech oder Glockenblume wachsen können, ist, dass das Gestein vorher von noch anspruchsloseren Pflanzen wie Farnen, Moosen und Flechten besiedelt wurde. Abgestorbene Teile dieser Pflanzen, die sich zwischen den Felsen abgelagert haben, bilden dann die Wachstumsgrundlage für die Gebirgsblumen (Stoffkreislauf).

Stoffkreislauf: Lebensquelle Humus

Unser Boden besteht vor allem aus zwei Schichten: einer dunklen Humusschicht und einer hellen Gesteinsschicht (Sand, Ton oder Lehm). Als Humus wird eine Mischung aus abgestorbenen Pflanzenteilen und den Überresten toter oder Hinterlassenschaften lebender Tiere (Erzeuger) bezeichnet (1). Sie lagern sich im Boden ab und werden durch kleine Bodenbewohner wie Regenwürmer, Bakterien, Pilze und andere Kleinstlebewesen (Zersetzer) immer weiter zerkleinert (2). In der Humusschicht (3) sind viele Nähr- und Mineralstoffe gespeichert. In einem weiteren Schritt werden diese gelöst und können dann von anderen Pflanzen wieder fürs Wachstum verwendet werden (4). Sterben diese Pflanzen oder Teile von ihnen ab, werden sie selbst zu Erzeugern und der Kreislauf beginnt von vorn (1).

8+

WAS *passiert im Sommer auf dem Land*?

Sommerzeit ist Erntezeit. Das Getreide leuchtet gelb auf den Feldern und auch Raps, Obst und Gemüse (S. 64/65) sind reif. Der Raps und die ersten Getreidesorten werden schon im Juli geerntet. Die Getreideernte endet meist Mitte bis Ende August.

Der genaue Erntezeitpunkt ist stark wetterabhängig und kann auch mal zwei Wochen früher oder später liegen. Er hängt vom Feuchtigkeitsgehalt des Getreides ab – liegt dieser unter 14 Prozent, kann der Mähdrescher kommen! Das Gras wird den Sommer über mehrfach gemäht, um es getrocknet als Heu oder gegärt als Silage für den Winter einzulagern.

DRESCHEN

④ Dreschtrommel: trennt Korn und Halme voneinander

⑤ Dreschkorb: Die Körner fallen auf den

⑥ Vorbereitungsboden

⑦ Schüttler: schüttelt die letzten Körner von den Halmen; auch sie fallen durch Siebe und werden über den

⑧ Rücklaufboden zum Vorbereitungsboden gebracht

MÄHEN

① Ährenheber: richtet am Boden liegende Halme auf. Danach werden sie vom Messerbalken abgeschnitten

② Haspel: biegt die Halme um

③ Schnecke und Kettenförderer: transportieren die Halme zur Dreschtrommel

WIE *funktioniert ein Mähdrescher?*

Ein moderner Mähdrescher ist quasi eine rollende Fabrik: Er schneidet nicht nur die Getreidehalme ab, sondern trennt auch schon Korn und Stroh voneinander. Dann reinigt er die Körner und speichert sie in seinem großen Korntank. Das Stroh bleibt auf dem Feld liegen.

Früher waren viele Arbeitsschritte in mühevoller Handarbeit für das nötig, was der Mähdrescher heute in einem Schritt erledigt: Mähen und Dreschen. Zuerst wurden die Ähren geschnitten – zunächst mit einer Sichel, später mit der Sense. Dann mussten sie aufgesammelt, zusammengebunden und zum Trocknen aufgestellt werden. Erst im Spätherbst oder Winter konnte mit dem Dreschen begonnen werden.

Schon gewusst?!

Das Wort „verdreschen“ benutzen wir nicht ohne Grund auch für „verhauen“: Denn um die Körner von den Ähren zu trennen, schlugen die Männer früher mit Holzknüppeln (Dreschflegeln) auf die am Boden ausgebreiteten Halme ein.

REINIGEN UND SAMMELN

9 Druckluft und Siebe: befreien das Korn von Stroh- und Unkrautresten

10 „Elevator“: befördert die gereinigten Körner nach oben zum

11 Korntank oder direkt zum Abtransport in einen Anhänger

12 Stroh: bleibt erst mal auf dem Feld liegen oder wird manchmal direkt zu Ballen gepresst

WAS ist der Unterschied zwischen Obst und Gemüse?

Äpfel und Birnen sind Obst, Karotten und Gurken Gemüse – oder nicht?! Nur gibt es keine eindeutige Definition für den Unterschied zwischen Obst und Gemüse. Egal welcher Ansatz – es gibt immer Ausnahmen.

Ein gängiger Ansatz versucht zum Beispiel, den Unterschied an der Zubereitungsart oder dem Zuckergehalt festzumachen. Das funktioniert auch bei vielen Gemüse- und Obstsorten, aber längst nicht bei allen.

Die verständlichste Unterscheidung liefert die Botanik, die Lehre und Wissenschaft von den Pflanzen. Sie macht die Zuordnung unter anderem daran fest, ob eine Pflanze jedes Jahr wieder austreibt (Obst) oder immer neu ausgesät werden muss (Gemüse). Außerdem spielt eine Rolle, welche Teile der Pflanze essbar sind.

Und dann gibt es noch Sorten, die Merkmale von Obst und Gemüse erfüllen – zum Beispiel Tomaten. Sie werden als FRUCHTGEMÜSE bezeichnet.

	OBST	GEMÜSE
Essbare Pflanzenteile	Früchte und Samen	Blätter, Wurzeln, Knollen und Stängel
Pflanzentyp	meist mehrjährige/ausdauernde Bäume und Sträucher	meist einjährige, eher krautige Pflanzen
Art des Verzehrs	meist roh	meist gegart
Geschmack	intensiv süß bis säuerlich	weniger intensiv
Zuckergehalt	hoch	niedrig
Beispiele	Apfel, Birne, Zitrone, Orange, Banane, Pfirsich, Himbeere, Brombeere	Salat, Kohlrabi, Porree, Spinat, Erbse, Kohl, Radieschen, Rhabarber
Ausnahmen	Fruchtgemüse: Tomate, Gurke, Zucchini, Paprika, Kürbis (einjährig, aber Früchte)	Artischocke, Spargel (mehrjährig), Karotte (auch roh lecker, hoher Zuckergehalt)

Wie viel wovon?

Auch wenn Gemüse sehr gesund ist, heißt das nicht, dass ihr nichts anderes mehr essen sollt. Wichtig für eine gesunde Ernährung ist die Vielseitigkeit. Was Gemüse dem Körper nämlich nicht so viel liefert, sind Energie und Fett. Die müssen wir über andere Lebensmittel zu uns nehmen.

Und nun zu den Gummibärchen: Sie enthalten hauptsächlich Zucker, keine Vitamine und können dick machen. Sie geben dem Körper nichts außer kurzfristige Energie. Da sie aber so lecker sind, dürft ihr ab und zu natürlich welche naschen – solange ihr auch viel Obst und Gemüse esst!

WARUM *ist Gemüse gesund?*

Warum soll eigentlich ausgerechnet Gemüse gesund sein, Gummibärchen aber angeblich so ungesund? Die Antwort darauf ist einfach: Gemüse enthält viele Vitamine und macht nicht dick. Ohne Vitamine und andere Inhaltsstoffe von Gemüse könnte unser Körper nicht richtig funktionieren.

Diese „guten" Stoffe benötigt der menschliche Organismus zum Überleben. Die meisten von ihnen kann er aber nicht selbst herstellen. Daher müssen wir sie über die Nahrung zu uns nehmen. Vitamine helfen zum Beispiel dabei, Zellen oder Knochen aufzubauen, und sind gut für das Immunsystem. Ballaststoffe hingegen sind unverdauliche Pflanzenteile, die gut für unsere Verdauung sind.

8+

Grüne Gesundmacher?

Manchen Pflanzenstoffen werden sogar heilende Wirkungen zugeschrieben. In wissenschaftlichen Studien wurde herausgefunden, dass einige von ihnen antibakterielle und entzündungshemmende Eigenschaften haben und das Risiko für bestimmte Krankheiten senken. Menschen, die viel Obst und Gemüse essen, haben nachweislich seltener Bluthochdruck und bestimmte Herz-Kreislauf-Erkrankungen. Auch das Risiko für einen Schlaganfall ist geringer.

KALENDER FÜR NASCHKATZEN

Wann sind welche Sommerfrüchte und Gemüsesorten reif?

Wir können heute das ganze Jahr frisches Obst und Gemüse kaufen – natürlich ist das aber nicht. Ohne Gewächshäuser und Ware aus dem Ausland gäbe es die meisten Sorten bei uns nur zwischen Mai und Oktober.

Der Kalender der Haupt-Erntesaison zeigt, wann verschiedene Früchte und Gemüsesorten bei uns reif sind, wenn sie im Freiland, unter Folie oder im unbeheizten Gewächshaus angebaut werden. Alle genannten Sorten wachsen auch gut in eurem eigenen Garten.

Erntezeit ab dem Monat:

MAI

- Blumenkohl (bis November)
- Erdbeeren (bis Juli)
- Gurken (bis Oktober)
- Kohlrabi (bis Oktober)
- Mangold (bis August)
- Radieschen (bis September)
- Rhabarber (bis Juni)
- Spargel (bis Juni)
- Zuckerschoten (bis Juni)

JULI

- Birnen (bis Oktober)
- Brombeeren (bis September)
- Mais (bis Oktober)
- Möhre (bis November)
- Nektarinen (bis September)
- Tomaten (bis September)

JUNI

- Bohnen (bis Oktober)
- Broccoli (bis November)
- Erbsen (bis August)
- Heidelbeeren (bis September)
- Himbeeren (bis September)
- Johannisbeeren (bis September)
- Kartoffeln (bis Oktober)
- Kirschen (bis September)
- Paprika (bis Oktober)
- Pflaumen (bis September)
- Zucchini (bis September)

AUGUST

- Äpfel (bis Oktober)
- Hokkaido und Kürbis (bis Oktober/November)
- Porree (bis Dezember)

SEPTEMBER

- Rote Bete (bis Dezember)
- Spaghetti- und Butternut-Kürbis (bis Oktober/November)
- Weißkohl (bis November)
- Weintrauben (bis Oktober)

Beeren-Kokos-Scones

IHR BRAUCHT (für ca. 10 Stück)

- 125 g Erdbeeren, Himbeeren oder Heidelbeeren
- 300 g Mehl (zum Beispiel Dinkelmehl Typ 630 oder 1050)
- 60 g kalte Butter oder Margarine
- 1 Ei
- 3 TL Backpulver
- 80 ml Milch, Buttermilch oder pflanzliche Alternative
- 20 g Kokosraspel für den Teig
- n. B. Kokosraspel zur Dekoration

Wer kein Kokos mag, kann ihn natürlich auch durch etwas anderes ersetzen, zum Beispiel Raspelschokolade oder Kakaonibs. Wer es süßer mag, fügt einfach etwas Zucker hinzu.

SO GEHT'S

1. Beeren waschen, putzen und gegebenenfalls in kleine Stückchen schneiden.
2. Mehl und Backpulver vermischen, die kalte Butter in Stücken dazugeben und mit den Händen zu einem krümeligen Teig verarbeiten.
3. Ei und Flüssigkeit zugeben und ebenfalls mit den Händen kurz (!) zu einem Teig verkneten.
4. Beeren und Kokosraspeln untermischen.
5. Teig auf einem mit Backpapier ausgelegten Backblech zu einem etwa 3 Zentimeter hohen rechteckigen Block formen. In etwa fünf mal fünf Stücke schneiden und diese nur leicht auseinanderschieben.
6. Mit Kokosraspeln bestreuen und im vorgeheizten Backofen bei circa 170 Grad Umluft etwa 20 Minuten backen.

Schon gewusst?!

Scones sind ein auf den Britischen Inseln gern gegessenes Teegebäck in Form von kleinen Brötchen. In England werden diese meist zur „Tea Time" mit Erdbeermarmelade und „Clotted Cream", einem dicken, sehr kalorienhaltigen Rahm aus Kuhmilch, serviert. Darüber, wie es richtig geht, wird aber gerne gestritten: Kommt die Creme nach unten oder die Konfitüre?

Gewöhnliche Naschkatze

FAMILIE Schleckermäuler
MERKMALE verfressen, naschhaft, hat immer Hunger, klebrigverschmierter Mund
BEDEUTUNG Bezeichnung für eine Person, die gerne Süßes isst

Steckbrief

WARUM *bauen Ameisen Straßen …*

Sommerzeit ist Picknickzeit – doch auch die Ameisen stehen auf süße Leckereien und tummeln sich schlimmstenfalls zu Hunderten auf unserer Picknickdecke. Dabei wuseln sie aber nicht kreuz und quer herum, sondern scheinen wie auf festgelegten Wegen dahinzumarschieren. Sie folgen der Duftspur anderer Ameisen.

Ameisen bauen also keine richtigen Straßen, aber markieren eine Strecke. Wenn eine Ameise eine gute Futterquelle entdeckt, zum Beispiel einen Apfel, frisst sie davon und läuft direkt zurück zum Ameisenhaufen. Auf dem Weg sondert das Insekt Duftstoffe aus Drüsen an seinem Hinterteil ab. Beim Ameisenhaufen angekommen, würgt die Ameise einen Teil der Nahrung wieder aus. Nun wissen die anderen Tiere, um was für eine Leckerei es sich handelt – und anhand der Duftspur auch, wo sie den Apfel finden können.

Da Ameisen immer im Team arbeiten, machen sie sich sofort zu mehreren auf den Weg, um ihre Speisekammer aufzufüllen. Unterwegs wird noch mehr Duft versprüht, sodass immer mehr Ameisen angelockt werden und ihnen folgen – und das sieht aus, als liefen die kleinen Insekten auf einer Straße.

Rote Waldameise

GRÖSSE Arbeiterinnen bis 9 mm, Königinnen bis 11 mm
MERKMALE Kopf und Brust teilweise rot, Hinterleib schwarzbraun
LEBENSWEISE lebt in großen Ameisenstaaten; vor allem an sonnigen Waldrändern oder lichten Waldwegen von Nadel- und Mischwäldern; zur Verteidigung beißen die Tiere zu und spritzen mit ihrem Hinterleib brennende Ameisensäure in die Wunde des Feindes
NAHRUNG am liebsten Insekten, aber auch Honigtau und Samen

Steckbrief

... und so große Hügel?

Ameisen sind winzig klein, ihre Hügel – oder genauer gesagt: ihre Nester – aber riesig. Hunderttausende oder sogar Millionen der kleinen Insekten leben darin. Dass sie so hoch sind, liegt aber nicht allein an der Anzahl der Tiere, sondern daran, dass ein großer Haufen Wärme besser speichern kann als ein kleiner Hügel.

Ameisen mögen es warm und brauchen das Sonnenlicht, um aktiv zu sein. Je größer ein Ameisenhügel ist, desto mehr Sonnenstrahlen treffen ihn und heizen ihn auf.

Daher hängt die Größe eines Ameisenhaufens, also dem Teil des Nestes, der sich über der Erde befindet, auch von der Umgebungstemperatur ab. Die Hügel von Waldameisen im Norden Europas, wo es kälter ist, sind höher, als im Süden, wo es wärmer ist. Am Waldrand, wo viel Sonne hinkommt, sind sie flacher als im schattigen Wald.

Außerdem ragen die Hügel so weit über die Erde, damit sie von anderen Tieren oder Menschen nicht so leicht zerstört werden können. Die Ameisen bauen also auch so überdimensional, um sich und ihre Brut zu schützen.

Fakten zu Ameisenhaufen

- Ein Waldameisennest kann über einen Meter hoch werden.
- Unter der Erde geht es noch mal fast genauso tief weiter: Dort brüten die Königinnen ihre Eier aus und versorgen die Arbeiterinnen die Larven.
- Zwischen April und Oktober herrschen 20 bis 30 Grad Celsius im Inneren, im Winter bis minus zehn Grad.
- Wird es den Ameisen im Sommer zu warm, können sie, um „durchzulüften", verschiedene, sonst abgedeckte Eingänge öffnen.

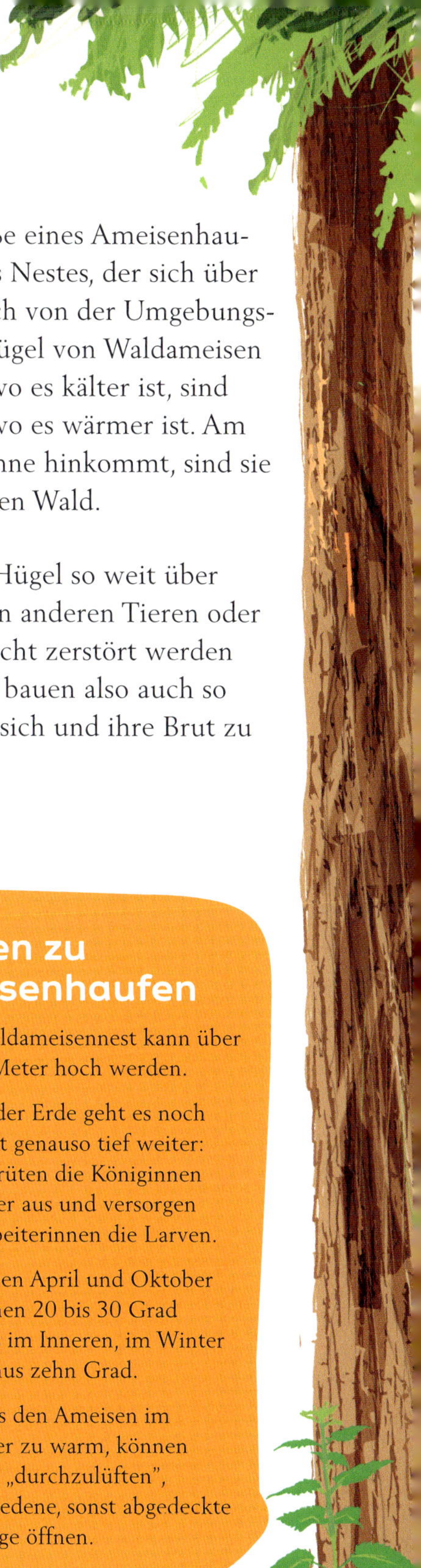

WARUM *machen Bienen Honig*?

Honig ist ein echtes Naturprodukt, süß wie Zucker, aber gesünder. Honigbienen stellen ihn natürlich nicht für unser Frühstücksbrötchen her, sondern als Nahrung für sich selbst. Den ganzen Frühling und Sommer über sammeln sie fleißig Blütennektar und Pflanzensäfte von Nadelbäumen oder Blattläusen (Honigtau), um daraus Honig herzustellen. Damit ernähren sie ihren Nachwuchs und legen einen Wintervorrat an.

Der in einem langwierigen Prozess (siehe Kasten) hergestellte Honig wird im Bienenstock in Waben eingelagert, kleinen Löchern aus Bienenwachs. Der Grund dafür, dass die Bienen diese Fleißarbeit auf sich nehmen und nicht etwa den Nektar oder Honigtau direkt einlagern, ist die deutlich längere Haltbarkeit des Honigs.

So machen Bienen Honig

Bestimmt habt ihr schon mal gehört, dass Honig „Bienenkotze" sei. Da ist ein bisschen was dran, denn die Honigherstellung klingt für uns tatsächlich alles andere als appetitlich.

8+

Zuerst wird der Nektar aufgesaugt, im Honigmagen, einer dem Verdauungstrakt vorgelagerten Blase, zwischengespeichert und mit körpereigenen Stoffen (Enzymen) angereichert. Das macht ihn zähflüssiger und tötet Bakterien ab.

Einen kleinen Teil des Nektars frisst die Sammlerbiene selbst, einen Großteil bringt sie in den Bienenstock. Dort gibt sie ihn durch Hochwürgen an eine Arbeiterbiene weiter. Danach wird er noch einige Male auf diese Weise weitergegeben, damit er mit vielen verschiedenen Tieren und Enzymen in Kontakt kommt.

Dabei wird dem Pflanzensaft immer mehr Wasser entzogen. Hat er einen Feuchtigkeitsgehalt von etwa 20 Prozent, ist er dickflüssig genug. Dann füllen die Bienen den süßen Honig in die Waben und verschließen diese mit Wachs.

„Erntet" ein Imker oder eine Imkerin den Honig, wird er mithilfe einer Honigschleuder aus den Waben geschleudert und aufgefangen. Damit die Tiere ihren mühsam produzierten Futtervorrat nicht vermissen und im Winter verhungern, bekommen sie Zuckerwasser als Ersatz.

WARUM sind Bienen in Gefahr?

Dass Wildbienen gefährdet sind, hat vor allem zwei Gründe: Nahrungsmangel und Wohnungsnot. Sie finden nicht genug zu fressen und zu trinken, weil es immer weniger Futterpflanzen für sie gibt. Ihnen fehlt zum Leben also wilde Natur mit Wiesen, Weiden, Teichen und Tümpeln. Honigbienen sind als „Haustiere" nicht gefährdet, werden aber eher von Schädlingen, zum Beispiel Milben, befallen.

Lange Zeit waren Bienen vor allem in den zubetonierten Städten in Gefahr, heute ist es eher die intensive Landwirtschaft, die ihren Lebensraum zerstört. In Städten wird zwar immer noch viel gebaut, aber viele Menschen haben verstanden, dass Insekten wichtig sind. Daher werden auch in der Stadt immer mehr Grünflächen mit Futter- und Nistplätzen für Wildbienen, Schmetterlinge und Co. geschaffen.

Es gibt zum Beispiel insektenfreundliche Gärten auf Dächern. Wichtig ist immer, den Tieren nicht nur einen Nistplatz, zum Beispiel ein Insektenhotel, zu bieten, sondern auch für ausreichend Futterpflanzen in unmittelbarer Nähe zu sorgen. Denn Wildbienen fliegen auf der Futtersuche in der Regel nur maximal 300 Meter weit von ihrer „Wohnung" weg. Wenn grundsätzlich geeignete Nisthilfen in der Stadt von den Insekten nicht angenommen werden, ist oft der Standort falsch.

SELBER MACHEN

Löwenzahnhonig

Wenn ihr den Bienen ihren Honig lassen wollt oder vegan lebt, könnt ihr aus Löwenzahnblüten, einer Orange und Zitrone, Wasser, Frucht- und Traubenzucker (oder einer Zuckeralternative) auch selbst leckeren Blütensirup herstellen. Das Rezept findet ihr hier:

WARUM *summen Mücken* ?

Bzzzzzzz – mitten in der Nacht brummt es plötzlich vor unseren Gesichtern – eine Mücke im Landeanflug! Wie bei einem Propeller entsteht das surrende Geräusch durch die blitzschnellen Bewegungen der Flügel, die die Luft zum Schwingen bringen.

Für die Mücken spielt das Summen eine wichtige Rolle bei Partnersuche und Fortpflanzung. Am Flügelschlag erkennen die Mücken nicht nur das andere Geschlecht, sondern vermutlich sogar, ob sie zueinander passen. Weil die Flügel der Weibchen etwas langsamer schlagen, summen Männchen und Weibchen in unterschiedlichen Tonhöhen – die weiblichen Tiere tiefer, die männlichen Tiere höher. Paarungswillige Tiere versuchen auch, nicht zusammenpassende Klänge zu vermeiden, indem sie ihr Tempo einander angleichen, also beispielsweise das Männchen seine Flügel mit Absicht etwas langsamer bewegt.

Zahlen zu stechenden Insekten

Bis zu **3,7 MM** lang ist der Stachel einer Hornisse.

Bis zu **2,6 MM** der Stachel von Bienen und Wespen.

Bis zu **700 TIERE** kann ein Hornissenvolk im Hochsommer zählen.

HUNDERTE WESPENARTEN sind bei uns heimisch.

Nur **2 DAVON** „fliegen“ auf unser Essen und werden dabei aggressiv: die Deutsche und die Gemeine Wespe.

Stechmücke

GRÖßE bis 1 cm

MERKMALE langer Stechrüssel und spitzer Hinterleib beim Weibchen; pinselförmige Mundwerkzeuge und büschelartige Fühler beim Männchen; lange, gebogene Hinterbeine

WISSENSWERTES ohne das Blut, das das Weibchen beim „Stechen“ saugt, können sich die Eier nicht entwickeln; Männchen können nicht stechen

NAHRUNG Männchen: Nektar, Weibchen: Blut von Warmblütern (Menschen oder Tiere), Larven: Kleinstlebewesen

Steckbrief

WIE *gefährlich sind …*

… Wespen?

Dass die Gemeine und die Deutsche Wespe schwarz-gelb gestreift sind, hat seinen Grund: Die Farben dienen im Tierreich als eindeutige Warnung: „Komm mir nicht zu nahe – ich bin giftig!“ Der Stich einer Wespe ist tatsächlich schmerzhaft, der Schmerz lässt aber normalerweise bald wieder nach. Gefährlich wird es, wenn uns eine Wespe in den Mund oder Hals sticht. Dann können unsere Atemwege zuschwellen.

… Bienen?

Sticht eine Honigbiene einen Menschen oder ein anderes Säugetier, reißt ihr mit Widerhaken versetzter Giftstachel ab und bleibt in der Haut stecken – das Tier stirbt. Deshalb stechen Bienen nur, wenn sie direkt angegriffen werden oder ihr Bienenstock in Gefahr ist. Lassen wir sie in Ruhe, tun sie uns normalerweise nichts. Treten wir im Klee aus Versehen doch einmal auf eine Biene, tut der Stich zwar ordentlich weh, ist aber in der Regel nicht gefährlich.

… Hornissen?

Die großen Wespen sehen zwar bedrohlich aus, stechen aber nur zur Verteidigung. Die Hornisse fliegt nicht auf unser Essen und ist noch scheuer als die Honigbiene. Solange wir uns von der Flugbahn zu ihrem Nest fernhalten, hat ein Hornissenvolk in der Nähe sogar Vorteile: Denn die angriffslustigen kleinen Wespen stehen ganz oben auf dem dem Hornissen-Speiseplan. Sollten wir doch einmal oder sogar mehrfach hintereinander von einer Hornisse gestochen werden, ist der Stich zwar äußerst schmerzhaft, das Gift aber nicht gefährlicher als das von Bienen oder Wespen.

… Hummeln?

Die pummeligen Bienen sind sehr friedlich und stechen wirklich nur, wenn sie berührt oder geärgert werden. Oft warnen sie den Feind zuvor mit erhobenem Bein. Anders als bei der Honigbiene bleibt der Stachel nicht stecken und die Hummel überlebt den Stich. Ein Stich ist schmerzhaft, aber in der Regel ungefährlich.

… Zecken?

Zecken sitzen beispielsweise an Grashalmen und streifen sich bei Berührung an einen Menschen oder ein Tier ab. Solange sie noch nicht zugestochen haben, sind sie für uns ungefährlich. Deshalb solltet ihr euch nach dem Spielen im Wald oder auf der Wiese gründlich auf Zecken absuchen.
Durch Zeckenstiche können verschiedene Krankheiten übertragen werden, vor allem Borreliose und Frühsommer-Meningoenzephalitis (FSME). Da sich Borreliose-Viren erst einige Zeit nach dem Stich übertragen, sollte eine festsitzende Zecke so schnell wie möglich korrekt entfernt werden. Bei FSME-Viren geht die Übertragung schneller, sie kommen aber nicht überall in Deutschland vor. Wer in Risikogebieten in der Natur unterwegs ist, kann sich gegen FSME impfen lassen.

Achtung!

Es gibt Menschen, die allergisch auf Insektengifte reagieren. Für sie kann schon ein einziger Stich lebensgefährlich sein. Deshalb tragen diese Personen meist ein Notfallset bei sich.

WARUM *sind* Quallen so glibberig?

Streift eine Qualle beim Schwimmen im Meer unser Bein, spüren wir, wie glibberig ihr Körper ist. Was Quallen so glibschig macht, ist eine steife Masse, die das Skelett ersetzt. Ansonsten bestehen die Tiere hauptsächlich aus Wasser.

Quallen bewohnten die Meere bereits, bevor es Dinosaurier gab. Sie sind also echte Überlebenskünstler, was an ihrem einfachen, aber zweckdienlichen Körperbau liegt: Quallen haben kein Gehirn, keine Muskeln, kein Blut und kein Herz. Sie bestehen zu 98 Prozent aus Wasser. Dazu kommt eine durchsichtige, zähe Masse, die ihren Körper stützt und ihnen hilft, im Wasser zu schweben. Manche von ihnen verfügen sogar über wahre Superzellen, die dafür sorgen, dass sie abhandengekommene Körperteile wieder nachbilden können. Unsterblich sind sie trotzdem nicht: Sobald sie erfolgreich für Nachwuchs gesorgt haben, lösen sie sich nach und nach auf.

Quallen sind Lebewesen!

Auch wenn Quallen vermutlich kaum oder gar keinen Schmerz empfinden, verdienen sie – wie alle Lebewesen – Respekt. Sie verfügen durchaus über Sinnesorgane, mit denen sie zum Beispiel Licht oder Schwere wahrnehmen sowie oben und unten unterscheiden können. Spezielle Sinneszellen sorgen dafür, dass sie jagen, auf Feinde reagieren und sich paaren können. Ihr solltet Quallen also nicht absichtlich verletzen, fangen oder gar quälen!

Welche Qualle ist das?

So unterscheiden sich die häufigsten Quallenarten an Nord- und Ostsee:

GELBE HAARQUALLE
(Feuerqualle) bis zu 50 cm, gelb-orange Farbe mit langen Tentakeln, deren Nesselfäden bei Berührung für schmerzhafte, aber ungefährliche Vernesselungen sorgen; Nord- und Ostsee

OHRENQUALLE bis zu 40 cm großer durchsichtiger Schirm mit vier Ringen („Ohren"); für den Menschen ungefährlich; Nord- und Ostsee (dort auch in Massen)

KOMPASSQUALLE bis zu 30 cm, weiß bis gelb mit bräunlichen v-förmigen Streifen; Vernesselungen sind schmerzhaft, aber ungefährlich; ab und zu in der Nordsee

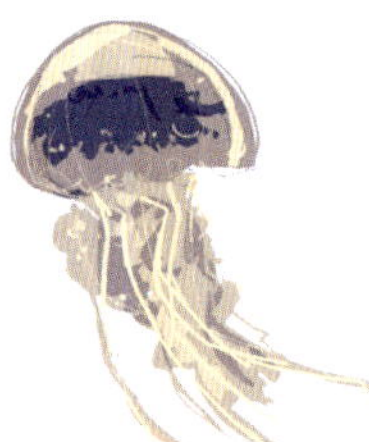

BLAUE NESSELQUALLE
bis zu 30 cm, sieht der Gelben Haarqualle ähnlich, aber bläulich, ihr Nesselgift brennt jedoch nicht ganz so stark wie das der Feuerqualle; Nord- und Ostsee

SEESTACHELBEERE bis zu 3 cm, ihr eiförmiger Körper gleicht einer durchsichtigen Stachelbeere; ungiftig; Nord- und Ostsee

WARUM *laufen* *Krebse seitwärts* ?

Wenn eine aufgescheuchte Strandkrabbe im Watt oder im Sand Gas gibt, sieht das schon ziemlich witzig aus: Sie stemmt ihren fünfeckigen Rückenpanzer in die Höhe und flitzt auf ihren acht Beinen davon – und das auch noch seitwärts. Die Krebse können gar nicht anders, wenn sie schnell sein wollen.

Im Plattdeutschen heißt die Strandkrabbe also nicht ohne Grund „Dwarslöper" (Querläufer). Dass sie nur seitwärts wirklich schnell wird, liegt an ihrem dick gepanzerten Körper, den sie wie eine Ritterrüstung trägt. Durch ihre gepanzerten Gelenke und ihre eng beisammenliegenden Beine ist die Bewegungsfreiheit der Krabbe nach vorne und hinten stark eingeschränkt. Zur Seite kann sie ihre Beine hingegen sehr gut bewegen.

Strandkrabbe

GRÖSSE Panzer bis 8 cm plus Scheren und Beine
MERKMALE fünfeckiger Panzer (braun bis grün, Jungtiere heller), ein Paar Kneifscheren, acht paarweise angeordnete Laufbeine
LEBENSWEISE bis sie zur gepanzerten Krabbe ausgewachsen ist, muss sich ihre Larve bis zu fünf Mal häuten; jagt nachts bei Flut; flieht bei Gefahr in enge Ritzen, unter Algen oder vergräbt sich im Sandboden
WISSENSWERTES knackt mit ihren kräftigen Scheren selbst Muscheln der eigenen Körpergröße; hat zwei kurze Antennenpaare, mit denen sie Gerüche wahrnehmen kann
NAHRUNG Allesfresser, zum Beispiel Muscheln, Schnecken, Krebse, Würmer

Steckbrief

KLEINE TAGFALTERKUNDE

Welcher Schmetterling ist das?

Tagpfauenauge

FAMILIE Edelfalter
GRÖSSE bis 6 cm
FLUGZEIT März bis Oktober (2 Generationen)
VORKOMMEN weite Teile Europas bis nach Japan
MERKMALE schwarz, blau und gelb gefärbte Augenflecken auf allen Flügelspitzen; ähnelt zusammengefaltet einem vertrockneten Blatt (Tarnung)
LEBENSRAUM im Wald, in Parks und Gärten sowie Feuchtgebieten mit Brennnesselbeständen
LEBENSWEISE bildet aufgrund des Klimawandels inzwischen zwei Generationen pro Jahr; die Ersten, die sich zeigen, sind die Falter vom Vorjahr, die den Winter geschützt, zum Beispiel in Scheunen oder Garagen, überwintert haben
NAHRUNG Falter: bei Sonne gerne Sommerflieder; Nahrungspflanze der Raupen: Brennnessel

Meister der Tarnung: Die erwachsene Raupe sieht mit ihren schwarzen Dornen für Fressfeinde nicht sonderlich schmackhaft aus.

Zitronenfalter

FAMILIE Weißlinge
GRÖSSE 5 bis 6 cm
FLUGZEIT Februar bis Juli, September bis Oktober (2 Generationen)
VORKOMMEN fast ganz Europa
MERKMALE zitronengelbe Farbe beim Männchen; spitze Flügelzipfel und rötlicher Punkt auf allen Flügeln
LEBENSRAUM an Waldrändern und Hecken, in Gärten und Parks
LEBENSWEISE wird bis zu 11 Monate alt und ist damit besonders langlebig; das Weibchen legt die Eier im Frühjahr ab; im Juli fliegen für circa zwei Wochen die Falter der neuen Generation; dann fallen sie in eine Art Sommerstarre; im Herbst sind sie wieder unterwegs; der Falter überwintert draußen in Winterstarre
NAHRUNG Falter: im Frühling gerne der Nektar der Schlüsselblume, später bevorzugt violette Blüten; Raupe: vor allem der Faulbaum

Die Raupe ist mit ihrer grünen Farbe an Blattunterseiten perfekt getarnt – sie unterscheidet sich kaum von einer Blattader.

Admiral

FAMILIE Edelfalter
GRÖSSE 5 bis 6 cm
FLUGZEIT Mai bis Oktober (2 bis 3 Generationen)
VORKOMMEN Mittelmeerraum und Mitteleuropa, im Sommer auch Skandinavien und Nordeuropa
MERKMALE rote Binden auf den Flügeln, die aussehen wie ein großes Maul, das sich bei Bewegung der Flügel öffnet und schließt
LEBENSRAUM Offenland und Lichtungen
LEBENSWEISE Wanderfalter, der eigentlich in Mittelmeernähe zu Hause ist; im April fliegt die erste Generation zu uns; nach seiner Ankunft ist der weit gereiste Admiral oft abgekämpft vom langen Flug, was wir an ausgefransten Flügeln erkennen können; hier paart er sich; die bei uns geschlüpfte Sommergeneration zieht weit umher
NAHRUNG Falter: Nektar, zum Beispiel Sommerflieder, Sonnenröschen und Thymian, mag auch Fallobst und Bier; Raupe: Brennnessel

In milden Wintern können die Tiere bei uns in verschiedenen Stadien ihrer Entwicklung überleben. Wenn wir im Frühjahr einen Falter sehen, hat er wahrscheinlich als Raupe überwintert.

Hauhechel-Bläuling

FAMILIE Bläulinge
GRÖßE 2,5 bis 3,5 cm
FLUGZEIT April bis Juni, Juli bis Oktober (2 bis 3 Generationen)
VORKOMMEN von der Küste bis zu den Alpen
MERKMALE Männchen leuchtend blau, Weibchen unscheinbar braun mit Blauschimmer und orangeroten Flecken am Rand der Hinterflügel; Unterseiten braun-schwarz-weiß gepunktet mit orangefarbenen Halbmonden am Rand
LEBENSRAUM sandige Heidegebiete, mageres Grünland sowie blütenreiche Wiesen und Gärten
LEBENSWEISE sehr gesellig; die Falter treffen sich abends häufig bei ihren Ruhepflanzen und bilden in der Balz Knäuel im Flug; nachts schlafen sie mit dem Kopf nach unten an Pflanzen
NAHRUNG Falter: Schmetterlingsblütler wie der Gemeine Hornklee; Raupe: verschiedene Kleearten wie Luzerne, Hornklee oder Weißklee

Um nicht von Ameisen gefressen zu werden, geben die Raupen aus einer Drüse Honigtau ab, einen süßen, klebrigen Saft, den die Ameisen gerne naschen.

Schwalbenschwanz

FAMILIE Ritterfalter
GRÖßE 5 bis 8 cm
FLUGZEIT April bis August (2 bis 3 Generationen)
VORKOMMEN ganz Europa
MERKMALE unser größter Tagfalter; gelb-schwarz, geschwänzte Hinterflügel mit rot-blauen Augenflecken
LEBENSRAUM Ödland, bevorzugt eine warme Umgebung und ist daher häufig in der Mittagshitze unterwegs.
LEBENSWEISE zur Paarung versammeln sich die Falter an hoch gelegenen Orten wie Berg- oder Hügelkuppen, wo die Männchen kunstvolle Flugmanöver vorführen, um den Weibchen zu imponieren (Gipfelbalz); aus dem Flug heraus kleben die Weibchen ihre gelben Eier einzeln an die Nahrungspflanzen der Raupen; ein einzelner Falter deckt mit rund 150 Eiern eine Fläche von mehreren Quadratkilometern ab
NAHRUNG Falter: liebt violette Blüten wie Rotklee, Flockenblumen und Sommerflieder; Raupe: Doldenblütler wie Wilde Möhre, Fenchel und Dill

Zur Abschreckung von Feinden kann die Raupe ihre orangefarbene Nackengabel ausfahren, die nicht nur eine Warnfarbe hat, sondern auch einen eklig süßlichen Gestank verbreitet.

Großer Kohlweißling

FAMILIE Weißlinge
GRÖßE 5 bis 6,5 cm
FLUGZEIT März/April bis Oktober (3 bis 4 Generationen)
VORKOMMEN ganz Europa, Bestand stark schwankend
MERKMALE dunkle Spitzen an sonst cremeweißen Vorderflügeln; bei den Weibchen außerdem schwarze Flecken auf der Ober- und Unterseite, bei den Männchen nur auf der Unterseite
LEBENSRAUM Felder, Wiesen und Gärten
LEBENSWEISE die letzte Generation eines Jahres überwintert als Puppe; im März oder April schlüpft die erste Generation Falter; das Weibchen legt seine gelben Eier in Gruppen von 60 bis 100 Stück auf Blattunterseiten ab
NAHRUNG Falter: hat eine Vorliebe für rote Blüten; Raupe: wird von Kapuzinerkresse und Kohlpflanzen magisch angezogen

Die grün-gelb-schwarz gesprenkelten Raupen treten in Gruppen auf und können problemlos innerhalb weniger Tage ein ganzes Kohlfeld kahl fressen. Deshalb gilt der Kohlweißling auch als Schädling.

WARUM müssen wir in der Sonne blinzeln?

Blinzeln ist ein Schutzreflex unseres Körpers. Dass wir unsere Augenlider immer wieder kurz öffnen und schließen, ist ganz normal. Jeder Mensch blinzelt pro Minute bis zu 15 Mal. Wenn wir direkt in die Sonne schauen, passiert das automatisch, weil das helle Licht unsere Augen verletzen kann.

Für dieses unbewusste Blinzeln sorgt der Lidschlussreflex: Er ist dafür da, dass sich unsere Lider rechtzeitig schließen, bevor Fremdkörper in die Augen gelangen – oder auch zu starkes Licht. Denn dieses kann die Zellen in unseren Augen ebenfalls beschädigen.

Es gibt aber auch noch andere Wege, wie sich unsere Augen vor dem UV-Licht schützen: Gucken wir in die Sonne, verengen sich die Pupillen, also die schwarzen Punkte in der Mitte unseres Auges – und lassen dadurch weniger Licht durch. Unsere Wimpern sind außerdem so was wie kleine Sonnenschirme für unsere Augen.

8+

Der UV-Index (UVI)

Der UV-Index gibt Auskunft darüber, wie stark die Sonne zurzeit scheint, genauer gesagt, wie hoch die schädliche ultraviolette Strahlung ist. Ihr findet den UVI im täglichen Wetterbericht. Das sagt er aus:

1–2
UV-Strahlung gering, kein Sonnenschutz erforderlich

3–5
mittel, Sonnenhut, Sonnencreme, T-Shirt und Sonnenbrille sind angesagt

6–7
hoch, zusätzlich zu oben Genanntem die Mittagszeit im Schatten verbringen; langärmelige Kleidung/UV-Schutzkleidung tragen

8–10 sehr hoch, Aufenthalt im Freien sollte zwischen 11 und 15 Uhr vermieden werden; alle Sonnenschutzmaßnahmen auch im Schatten ergreifen

11+ Aufenthalt im Freien vermeiden, auch am frühen Vormittag und späten Nachmittag nur im Schatten mit ausreichend Sonnenschutz aufhalten*

* Handlungsempfehlungen der Weltgesundheitsorganisation (WHO)

ACHTUNG
Babys sollten direkter Sonne möglichst gar nicht ausgesetzt werden, Kleinkinder und größere Kinder immer nur mit ausreichendem UV-Schutz.

WARUM *brauche ich ...?*

... eine Sonnenbrille?

Die Sonne ist 50.000 Mal heller als alle anderen Lichtquellen, die wir auf der Erde kennen. Ihre Strahlen können die Zellen der Hornhaut auf den Augen oder der Netzhaut in den Augen verbrennen und unsere Sehorgane langfristig schädigen.

... Sonnencreme?

UV-Licht beschädigt die Hautzellen. Deshalb verbrennt unsere Haut ohne Schutz – je nach Hauttyp früher oder später: Helle Haut ist empfindlicher als dunkle. Ein Sonnenbrand kann zu vorzeitiger Hautalterung oder sogar Hautkrebs führen. Die Sonnencreme legt sich wie ein Schutzfilm auf unsere Haut – ihre Inhaltsstoffe blockieren oder reflektieren die schädliche Strahlung.

... einen Sonnenhut?

Er schützt den Kopf und durch eine breite Krempe am besten auch das Gesicht – erstens vor Sonnenbrand und zweitens vor einem Sonnenstich, einer Reizung der Hirnhaut, die unter anderem zu starken Kopfschmerzen mit Schwindel, Übelkeit und Erbrechen führen kann.

... UV-Schutzkleidung?

Sie bietet aufgrund ihres Materials und durch ihre dichte Webart den besten Schutz gegen UV-Strahlen und belastet die Umwelt weniger als Sonnencreme.

Passend gekleidet durch den Sommer

Auch normale Kleidung schützt schon recht gut gegen die Sonne, sofern ihr ein paar Dinge beachtet:

SCHWARZ IST BESSER ALS WEISS Dunkle Kleidung hält bis zu 97 Prozent der Sonnenstrahlung von der Haut fern, helle nur bis zu 60 Prozent.

JE ENGER GEWEBT DESTO BESSER Wenn ihr durch euer T-Shirt durchgucken könnt, kommt die Sonne auch durch!

Fein gewebte **MERINOWOLLE** oder **WOLLE-SEIDE** und **KUNSTFASERN** wie Polyester bieten einen besseren UV-Schutz als Baumwolle.

LANG IST BESSER ALS KURZ Überall, wo Sonne hinkommt, muss Sonnencreme drauf.

NÄSSE MINDERT DIE SCHUTZWIRKUNG – das ist bei guter UV-Kleidung anders!

FÜR DIE GROSSEN Achtet beim Kauf darauf, dass die UV-Kleidung über das Label **UV STANDARD 801** geprüft und zertifiziert wurde und keine chemischen Schutzfilter enthält.

WARUM *haben Menschen unterschiedliche Hauttöne*?

Unsere Vorfahren lebten an unterschiedlichen Orten auf der Erde. Ihre Haut musste sich im Laufe der Menschheitsgeschichte deshalb an verschiedene Umweltbedingungen anpassen. So hat dunkle Haut zum Beispiel einen höheren natürlichen Sonnenschutz als helle Haut. Die ist aber leichter in der Lage, das lebenswichtige Vitamin D zu bilden. In Regionen, wo seltener die Sonne scheint, ist also helle Haut, an sonnenreichen Orten dunkle Haut ein Überlebensvorteil.

Der Hautton eines Menschen ist hauptsächlich genetisch bedingt und hängt von einem Stoff namens Melanin ab, der von Zellen in unserer Haut produziert wird: Je mehr davon vorhanden ist, desto dunkler ist die Haut. Melanin hat unter anderem die Aufgabe, unsere Haut vor schädlichen Sonnenstrahlen zu schützen. Der Hautton wird neben der Sonneneinstrahlung aber durch weitere Faktoren beeinflusst, zum Beispiel die Ernährung oder das Alter eines Menschen.

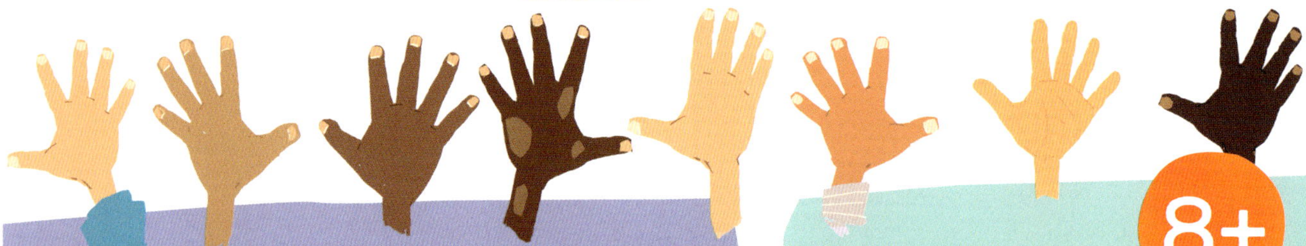

Was ist „hautfarben"?

Haben wir früher einen Buntstiftkasten gekauft, befand sich darin immer ein sogenannter „hautfarbener" Stift, bei uns in der Regel ein helles Beige entsprechend der Haut von vielen mitteleuropäischen Menschen. Doch eigentlich hätten wir es schon damals besser wissen müssen: Denn „Hautfarbe" ist nicht eine Farbe, sondern hat ganz viele verschiedene Farbtöne. Das Spektrum der Hautschattierungen reicht von sehr heller Haut, oft gepaart mit rötlichem oder hellblondem Haar, über hellbraune oder olivfarbene Töne, meist zusammen mit braunem Haar, bis hin zu dunkelbrauner oder fast schwarzer Haut mit schwarzem Haar. Heute gibt es zum Glück auch Buntstiftkästen zu kaufen, die diese bunte Vielfalt widerspiegeln.

8+

Wenn zwei Menschen mit unterschiedlichen Hauttönen, zum Beispiel heller und schwarzer Haut, gemeinsam zweieiige Zwillinge bekommen, kann es sogar sein, dass eins der Kinder helle und eins dunkle Haut hat. Sie haben von ihren Eltern also unterschiedliche Gene geerbt. Die Wahrscheinlichkeit dafür liegt weltweit allerdings bei eins zu einer Million, das heißt, eines von einer Million geborener Babys auf der ganzen Welt ist davon betroffen – eine echte Seltenheit!

WARUM schrumpeln unsere Hände und Füße beim Baden?

Wir planschen im Wasser, vergessen die Zeit und plötzlich sieht die Haut an unseren Händen und Füßen runzliger aus als die von Oma. Mit dem Schrumpeln sorgt unser Körper vermutlich dafür, dass wir im Wasser besser Halt finden. Die runzlige Haut funktioniert dann so ähnlich wie die Noppen an Stoppersocken.

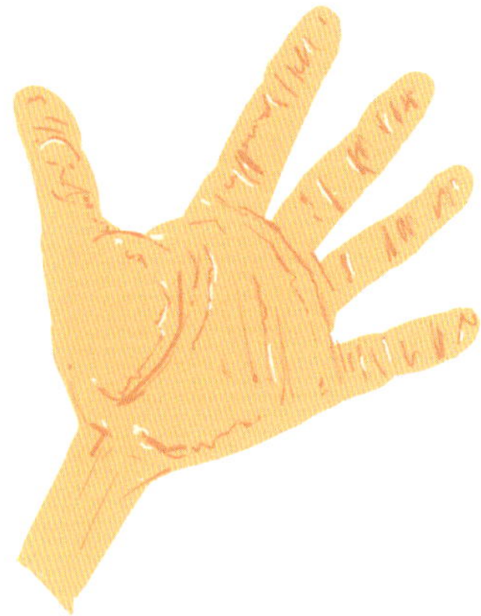

Lange wurde angenommen, dass die Hornhaut an den Fingern und Füßen aufquillt. Wissenschaftlerinnen und Wissenschaftler wissen aber schon länger, dass die Haut bei Menschen mit Nervenschäden an den Händen oder Füßen nicht schrumpelt – egal, wie lange sie im Wasser sind. Das spricht gegen diese weitverbreitete Theorie.

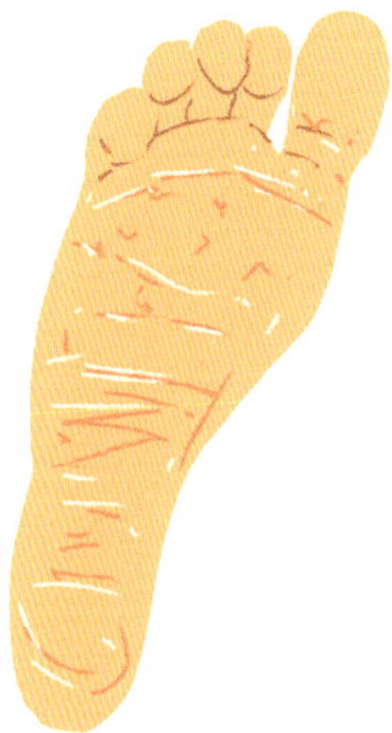

Vielmehr ist es anscheinend so, dass das Nervensystem – also der Teil unseres Organismus, der Reize wahrnimmt, steuert und verarbeitet – das Runzeln aktiv auslöst. Sind Hände oder Füße länger im Kontakt mit Wasser, sorgt es dafür, dass die Blutgefäße sich zusammenziehen. Die Haut quillt also nicht auf, sondern schrumpft ein bisschen in sich zusammen.

Die Rillen, die so entstehen, sorgen unter anderem dafür, dass wir Gegenstände im Wasser besser greifen können. Für unsere Vorfahren kann das, zum Beispiel beim Nahrungsammeln an und in Gewässern, wichtig gewesen sein.

8+

Das passiert mit Plastik im Meer

Plastik zerfällt durch die Wellen und das UV-Licht in immer kleinere Teilchen. Diese werden als **MIKROPLASTIK** bezeichnet. Die kleinen Plastikpartikel verbleiben entweder im Meer oder werden an die Küsten geschwemmt, wo sie sich unter den Sand mischen.

Mikroplastik ist sehr gefährlich, weil es von vielen Meerestieren mit Plankton, winzigen Tieren und Pflanzen, verwechselt wird. Fische und Muscheln, die das Wasser nach Nahrung durchfiltern, fressen versehentlich die Plastikteilchen und die Fremdkörper reichern sich in ihren Körpern an. Wenn wir Menschen dann Fisch oder andere Meerestiere essen, landet das Plastik auch auf unseren Tellern.

Auch Vögel verwechseln Plastikmüll mit Nahrung und verhungern schließlich mit vollem Magen.

WARUM *liegt so viel Müll am Strand*?

Müll ist am Strand und im Meer leider überall zu finden. Vor allem Plastik im Meer ist ein Riesenproblem – selbst, wenn es winzig klein ist. Der Großteil davon (80 Prozent) kommt vom Land. Selbst eine weit weg vom Meer unachtsam weggeworfene Plastiktüte oder anderer Müll wird über Flüsse und durch den Wind irgendwann in die Ozeane getragen. Auch Urlauber und Urlauberinnen hinterlassen viel Müll: Am Atlantikstrand finden sich auf 100 Metern mehr als 700 Müllteile – von der Sonnencremetube bis zur Windel.

Ins Meer gelangt der Müll aber auch durch die Schifffahrt selbst. Fischereiflotten verlieren oder entsorgen illegal ihre Kunststoffnetze, in denen sich dann Tiere verfangen. Ein Teil des Mülls wird wieder an unsere Strände gespült, wo wir ihn finden und aufsammeln können. Der Großteil bleibt jedoch im Meer.

Zwei Drittel des Plastiks sinken auf den Meeresgrund. Der Rest wird von Wind und Strömungen erfasst und treibt durch die Ozeane. Dabei sammeln sich Plastikflaschen, aber auch anderer Müll, zu riesigen Strudeln. Jeder Ozean der Erde besitzt inzwischen solch einen Müllwirbel.

Beach Clean-up

Jede oder jeder von euch kann einen kleinen Teil dazu beitragen, dass unsere Meere wieder sauberer werden:

- Die oberste Regel lautet: Ich nehme meinen Müll wieder mit und entsorge ihn ordnungsgemäß!
- Plastikmüll generell zu vermeiden oder zu reduzieren, ist eine Maßnahme gegen die Vermüllung der Meere.
- Natur- und Meeresschutz-Organisationen rufen mehrfach im Jahr zu sogenannten „Beach oder Coastal Clean-ups“ (Strand- oder Küste-Aufräumen) auf, bei denen die Strände und Küsten in großen Sammelaktionen vom Müll befreit werden.
- Jeder normale Strandspaziergang bietet sich zum Müllsammeln an. Packt euch doch vorsichtshalber immer eine große Mülltüte in die Strandtasche!

Schon gewusst?!

Der größte Müllstrudel befindet sich im Pazifik und wird „Great Pacific Garbage Patch“ (großer pazifischer Müllfleck) genannt. In ihm treiben bis zu 100 Millionen Tonnen Kunststoffmüll! Dieser Müllteppich ist sogar aus dem Weltall zu sehen, denn er nimmt eine Fläche von der Größe Mitteleuropas ein.

Ein paar Zahlen

So lange dauert es,
bis der Müll im Meer verrottet:

DIE WICHTIGSTEN BADEREGELN

Was mache ich, wenn …

… ein Gewitter aufzieht?

Verlasse bitte sofort das Wasser und begib dich am besten in ein festes Gebäude. Im Wasser ist es lebensgefährlich, weil die Blitze es elektrisch aufladen und einem Menschen einen Stromschlag versetzen können. Gewitter gehen oft auch mit Hagel oder starkem Wind einher. Es erhöht also die Gefahr abzutreiben, zum Beispiel mit Badetieren.

… die gelbe Fahne weht?

Eine einzelne gelbe Flagge bedeutet: Baden und schwimmen ist gefährlich. Ungeübte Schwimmer und Schwimmerinnen, Kinder und ältere Personen sollten bei diesen Bedingungen gar nicht baden gehen.

… die rote Fahne weht?

Eine einzelne rote Flagge bedeutet: Baden und schwimmen ist lebensgefährlich. Bleibe am Ufer! Die rote Fahne wird zum Beispiel bei hohen Wellen, starker Strömung oder Wasserverschmutzung gehisst.

… ich noch nicht schwimmen kann?

Gehe nicht weiter als bis zum Bauchnabel ins Wasser! In Badeseen sind die Nichtschwimmerzonen meist durch Schwimmleinen markiert. Bleibe im flachen Wasser!

… Wellen da sind?

Die Brandung ist ein toller Spielplatz, aber auch nur etwas für geübte Schwimmer oder Schwimmerinnen (mindestens Schwimmabzeichen Bronze). Vom Ufer ist es nicht immer leicht, einzuschätzen, wie hoch Wellen wirklich sind und wie viel Kraft sie haben. Teste es in Strandnähe erst mal vorsichtig aus. Sind dir die Wellen zu hoch, kämpfe nicht gegen sie an, sondern lass dich von ihnen zurück ans Ufer tragen. Bist du zu weit draußen oder erschöpft, ist es ein Notfall und du musst auf dich aufmerksam machen!

TIPP ZUR BERUHIGUNG Gerätst du beim Planschen oder mit dem Bodyboard mal unter eine Welle, beginne zu zählen (1 … 2 … 3 …)! Bevor du bei zehn angekommen bist, ist der beängstigende Moment vermutlich schon vorbei und du kannst wieder Luft holen.

Schon gewusst?!

… ich im Wasser Hilfe brauche?

Wer im Wasser in Gefahr gerät, schwenkt einen (!) Arm seitlich bis über den Kopf. Dieses Zeichen gilt weltweit für jede Person, die beim Wassersport in Not gerät oder Angst bekommt – auch für dich beim Schwimmen!

ACHTUNG Nicht mit beiden Händen winken! Im Zweifel winken die Menschen am Ufer dir nur zurück und erkennen deine Notlage nicht.

... mich die Strömung erfasst?

Im Meer können Strömungen selbst für geübte Schwimmer und Schwimmerinnen lebensgefährlich werden, da sie sehr stark sein und eine Person aufs Meer hinausziehen können. Daher solltest du dich vor Ort darüber informieren, ob es welche gibt und was du beachten musst. Kleine Kinder sollten generell nur in Ufernähe baden. Erfasst dich die Strömung, solltest du nicht deine Kraft verschwenden und versuchen, gegen sie anzuschwimmen. Besser ist es, parallel zum Strand zu schwimmen, denn die gefährlichen Bereiche sind meist nicht breit und der Sog lässt schnell nach. Falls du Angst bekommst, mache die Menschen am Strand rechtzeitig auf deine Notlage aufmerksam und beruhige dich, so gut es geht, bis Hilfe kommt!
Vorsicht auch an fließenden Gewässern: Die Strömung an Flüssen kann so stark sein, dass sie selbst erfahrene Schwimmer und Schwimmerinnen mitreißt!

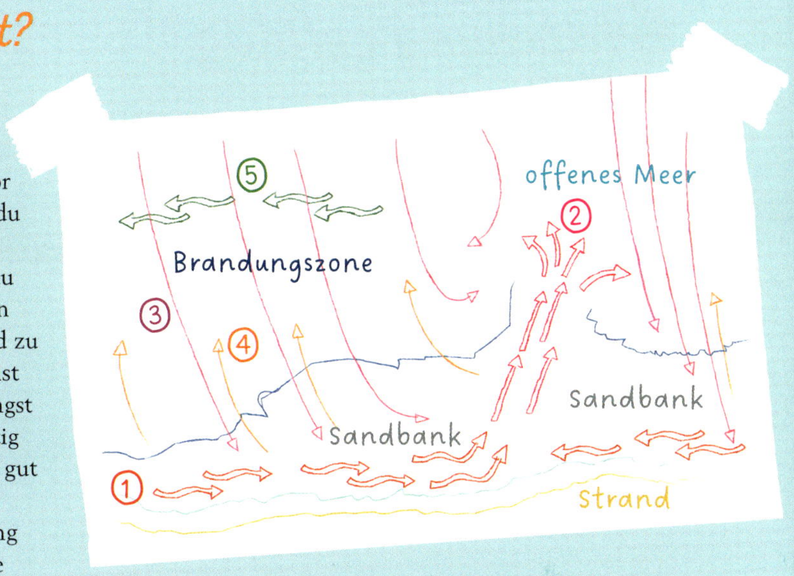

1. Brandungsströmung
2. Strömung aufs offene Meer (Rippströmung)
3. Schaumwellen (Brandung)
4. Unterstrom (Brandungssog)
5. Küstenströmung (Drift)

... eine andere Person im Wasser in Not gerät?

Wenn du eine Person beobachtest, die im Wasser in Not ist, sage bitte sofort einem Erwachsenen Bescheid oder schreie zur Not auch den ganzen Strand zusammen und mache so auf die gefährdete Person aufmerksam. Wichtig: Schau nicht weg und hilf der Person, so gut du kannst, aber bringe dich dabei niemals selbst in Gefahr! Es ist besser, die Rettungsaktion den Profis von der Seenotrettung zu überlassen.

FÜR DIE ERWACHSENEN

Ertrinken ist lautlos!

Eine ertrinkende Person ist meist zu schwach, um zu winken oder um Hilfe zu rufen, und geht einfach unter. Das kann so schnell gehen, dass es selbst Badegästen in unmittelbarer Nähe entgehen kann. Erwachsene Aufsichtspersonen sollten deshalb nie weiter als eine Armlänge von Kindern, die nicht schwimmen können, entfernt sein.

SICHERHEIT IM WASSER:

allgemeine Baderegeln

- Gehe nur schwimmen, wenn es dir gut geht!
- Überschätze dich und deine Kraft nicht!
- Springe nur ins Wasser, wenn es tief genug und frei ist!
- Rufe nie um Hilfe, wenn du nicht wirklich in Gefahr bist!
- Bade nicht da, wo Boote und Schiffe fahren!
- Schwimmhilfen und Schwimmtiere schützen nicht vorm Ertrinken!
- Gehe nicht mit vollem (Gefahr: Übelkeit) oder ganz leerem Magen (Gefahr: Unterzuckerung) ins Wasser!
- Eltern haben die ständige Aufsichtspflicht für ihre Kinder – auch wenn es eine Badeaufsicht gibt!

WER *hat das Eis erfunden*?

Sommerzeit gleich Eiszeit – Eis ist schon eine ziemlich geniale Erfindung! Aber wer der kluge Kopf war, der als Erster auf die Idee gekommen ist, Wasser oder Fruchtsaft zu gefrieren und zu lutschen, lässt sich heute gar nicht mehr so genau sagen. Fest steht, dass es schon Tausende von Jahren Eis-ähnliche Speisen gibt. Erfunden wurde es nicht etwa in Italien, sondern in Asien.

Das Eis am Stiel wurde 1905 in den USA erfunden.

Der Erfinder der Eiswaffel kommt wirklich aus Italien – das Spaghetti-Eis aus italienischen Eisdielen in Deutschland!

Der griechische Arzt Hippokrates verschrieb seinen Patienten Eis als Schmerzmittel. Auch unter den römischen Kaisern galt Eis als Delikatesse.

In den 1950er-Jahren wurde Speiseeis zum Massenprodukt, weil es auch in vielen Privathaushalten elektrische Kühlschränke gab.

Da es früher nicht möglich war, Lebensmittel zu kühlen, war Eis nicht immer verfügbar, und lange Zeit den Reichen vorbehalten. Eis aus dem Gebirge wurde in kalten Kellerräumen gelagert oder tief unter der Erde vergraben. Fertiges Speiseeis musste hingegen direkt verzehrt werden.

Angeblich konnten die Chinesen bereits um 200 n. Chr. Milch oder Sahne gefrieren. Ihre Mischung aus Reispudding und Milch hatte demnach Ähnlichkeit mit unserem heutigen Milcheis. Dieses Wissen ging zunächst allerdings wieder verloren.

Schon gewusst?!

Das erste Eis gab es höchstwahrscheinlich schon 5000 bis 3000 v. Chr. in China. Es wurde aus Schnee oder gefrorenem Wasser aus dem Gebirge oder Gewässern hergestellt und mit Früchten, Honig und Gewürzen verfeinert.

Im antiken Europa gab es ein Speiseeis aus Gletschereis, Honig, Früchten, Rosenwasser oder sogar Wein.

Das erste cremige Eis gab es vermutlich um 400 v. Chr. im Perserreich. Dazu wurde gefrorenes Rosenwasser mit Reisnudeln, dem Gewürz Safran und Obst vermischt.

Der italienische Kaufmann Marco Polo brachte im 13. Jahrhundert das Rezept für Wassereis aus China mit nach Europa. Von dort verbreitete es sich über Frankreich in ganz Europa und über alle Gesellschaftsschichten.

WARUM *ist es anstrengend, bergauf zu laufen*?

Bergwandern kann viel Spaß machen und haben wir es nach oben geschafft, werden wir oft mit einer gigantischen Aussicht belohnt. Es ist aber viel anstrengender, bergauf zu laufen als auf ebener Fläche. Das liegt daran, dass wir dabei zusätzlich zur Kraft, die wir benötigen, um unseren Körper in Bewegung zu setzen, auch noch Kraft brauchen, um ihn und eventuell unseren Wanderrucksack nach oben zu „heben".

Bergablaufen ist übrigens kaum weniger anstrengend, auch wenn es uns leichter vorkommt. Denn dabei benötigen wir wiederum viel Kraft. Diesmal aber, um unseren Körper abzubremsen, der am Hang von unserem eigenen Gewicht nach unten gezogen wird. Unsere Knochen und Muskeln werden beim Abwärtslaufen sogar mehr beansprucht als beim Bergaufsteigen. So müssen unsere Knie und unsere Wirbelsäule viel mehr abfedern. Weil das Runterflitzen aber so viel Spaß macht, merken wir das oft erst am nächsten Tag – an einem richtig fiesen Muskelkater.

WIE *kommt das Wasser auf den Berg?*

Kaltes, klares Wasser aus einer plätschernden Bergquelle zu trinken, ist ein Genuss auf jeder Bergwanderung. Aber wie ist es dort oben hingekommen? Wasser kann doch nicht aufwärtsfließen …
Bei dem Quellwasser handelt es sich um Regenwasser oder geschmolzenen Schnee. Es kommt also ursprünglich von oben, versickert in den oberen Gesteinsschichten, staut sich weiter unten in der Erde und tritt am Berghang wieder aus.

Damit das Wasser in den Berg eindringt, müssen nicht unbedingt Hohlräume oder Spalten vorhanden sein – es kann auch im Gestein versickern. Sandstein zum Beispiel ist wasserdurchlässig, weil er aus vielen winzigen Löchern (Poren) besteht, durch die das Wasser ganz langsam hindurchfließen kann. Bei festem Gestein braucht es dafür aber sehr lange. Noch Tage und Wochen nach den Regenfällen kann es also aus dem Berg hervorquellen. Schneller geht es natürlich bei lockerem Sandboden.

Schon gewusst?

Da sich die feste Gesteinsschicht meist durch den ganzen Berg zieht, entspringen häufig mehrere Quellen auf gleicher Höhe.

So entsteht eine Bergquelle

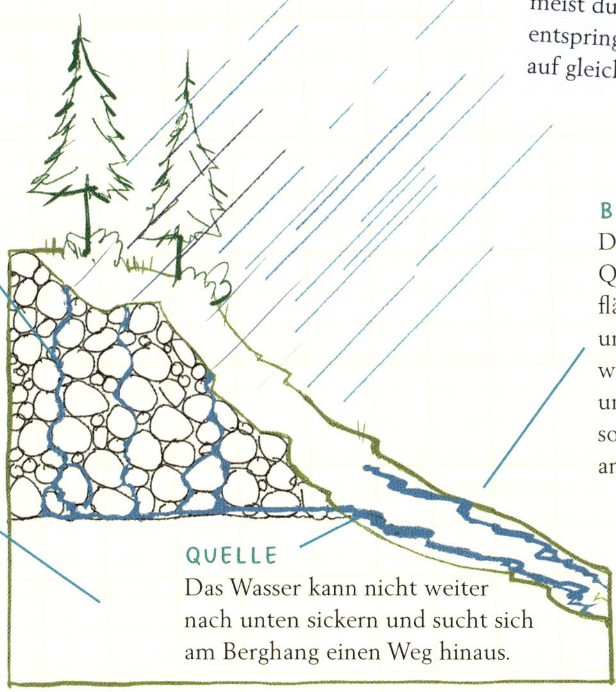

DURCHLÄSSIGE SCHICHT
Regen- oder Schmelzwasser versickert in Ritzen und Poren des Berggesteins, zum Beispiel in Sandstein.

UNDURCHLÄSSIGE SCHICHT
Das versickerte Wasser staut sich tiefer im Berg auf einer dichten Gesteinsschicht, zum Beispiel aus Ton.

QUELLE
Das Wasser kann nicht weiter nach unten sickern und sucht sich am Berghang einen Weg hinaus.

BERGBACH
Das Wasser aus der Quelle fließt oberflächlich abwärts und nimmt dabei weiteres Schmelz- und Regenwasser sowie Wasser aus anderen Quellen auf.

WAS sind Sternschnuppen?

Sternschnuppen werden in der Fachsprache Meteore genannt. Sie sind winzige Staub- und Gesteinsteilchen, die in die Erdatmosphäre eindringen und verglühen. Dabei rasen sie mit Geschwindigkeiten von bis zu 70 Kilometern pro Sekunde auf die Erde zu – das ist 1.938 Mal so schnell, wie ein Auto auf der Autobahn fährt.

Beim Eintritt in die Erdatmosphäre werden die kleinen Teilchen, die meist von aufgelösten Kometen stammen, stark abgebremst. Dadurch wird eine enorme Energie von mehreren Tausend Grad Celsius freigesetzt. Aufgrund dieser Hitze beginnen die Staubteilchen zu glühen und wir können ihren leuchtenden Schweif am Himmel sehen.

STIMMT'S?

Im August sind die meisten Sternschnuppen zu sehen

8+

Ja, genau! Mitte bis Ende August sind die Chancen, eine Sternschnuppe zu sehen, sehr hoch. Dann huschen die Sternschnuppenschauer der „Perseiden" über den Nachthimmel. Sie haben ihren Namen vom Sternbild Perseus am nördlichen Nachthimmel, in dem die Sternschnuppen zu sehen sind. Ihren Höhepunkt haben die Meteorschauer meist in den Nächten vom 12. und 13. August. Auch im Dezember gibt es mit den „Gemeniden" im Sternbild Zwillinge ebenfalls sehr große Sternschnuppenschauer. Solche Häufungen kommen immer dann vor, wenn die Erde die Bahn eines Meteoritenstroms kreuzt und immer wieder verglühende Teilchen in die Erdatmosphäre eindringen.

WIE *entsteht ein Gewitter* ?

Bei feuchtwarmer Luft dauert es im Sommer oft nicht lange, bis der erste Blitz am Himmel zuckt, es donnert und heftig regnet. Gewitter entstehen, wenn sich feuchte Luft aufheizt und nach oben steigt.

Der aufsteigende Wasserdampf verdichtet sich zu dichten Gewitterwolken, die sich bis zu zwölf Kilometer hoch auftürmen. So weit oben gefrieren die Wassertropfen. Die schwereren Eiskristalle fallen herunter, werden aber von den Aufwinden in der Wolke wieder hochgerissen (siehe Seite 44). Dabei entsteht Reibung, durch die sich die aufgetürmten Luftmassen unterschiedlich aufladen. Wird die Spannung zu groß, entladen sie sich – es blitzt! Die Luft im Blitzkanal wird dabei so stark erhitzt, dass sie sich explosionsartig ausbreitet und dabei eine Schockwelle erzeugt, die wir als lauten Knall (Donnerschlag) hören können.

8+

Wie weit ist das Gewitter entfernt?

An dem Ort, wo sich ein Gewitter gerade befindet, blitzt und donnert es gleichzeitig. Aus einiger Entfernung sehen wir aber zunächst den Blitz, bevor wir den Donner hören können. Denn das Licht des Blitzes und der Schall des Donnergrollens bewegen sich in unterschiedlichen Geschwindigkeiten fort: Die Lichtgeschwindigkeit beträgt rasante 300.000 Kilometer pro Sekunde, während die Schallgeschwindigkeit „nur“ 340 Meter pro Sekunde schafft.

Mit dieser Formel könnt ihr berechnen, wie weit ein Gewitter ungefähr von eurem Standort entfernt ist: Sekunden zwischen Blitz und Donner mal Schallgeschwindigkeit (340 m/s).

BEISPIEL: 5 · 340 = 1.700 M / 1,7 KM

TIPP Um herauszufinden, ob das Gewitter näher kommt oder sich wieder entfernt, wiederholt diese Rechnung einfach bei mehreren aufeinanderfolgenden Blitzen und vergleicht die Entfernungen!

WIE entstehen Dünen?

Wenn der Wind über den Strand weht, werden die Sandkörner aufgewirbelt. Dabei bleibt der Sand an Treibholz, Steinen und Muscheln hängen und lagert sich wellenförmig ab. Im Windschatten der kleinen Sandhaufen sammelt sich noch mehr Sand und es siedeln sich erste Pflanzen an. Mit ihren Wurzeln halten sie ihn fest und es entsteht eine erste Düne (Primärdüne).

Mit der Zeit formt der Wind daraus parallel zur Küste verlaufende Sandwälle, die WEIẞDÜNEN. Die jüngsten Dünen liegen immer am nächsten zum Strand. Bekommen ältere Dünen keinen frischen Sand mehr, verändern sie sich. Weil Salz und Kalk vom Regen aus dem Sand gespült wird, wird der Boden nährstoffärmer. Durch absterbende Pflanzen bildet sich eine dünne Humusschicht (siehe Seite 59) – eine GRAUDÜNE entsteht.

Dort siedeln sich Pflanzen wie Sanddorn oder Kartoffelrose an und immer mehr Humus bildet sich. Die Düne wird nach und nach von Gräsern überwachsen und wandelt sich zur BRAUNDÜNE. In den Dünentälern können sich Feuchtgebiete und Moore entwickeln.

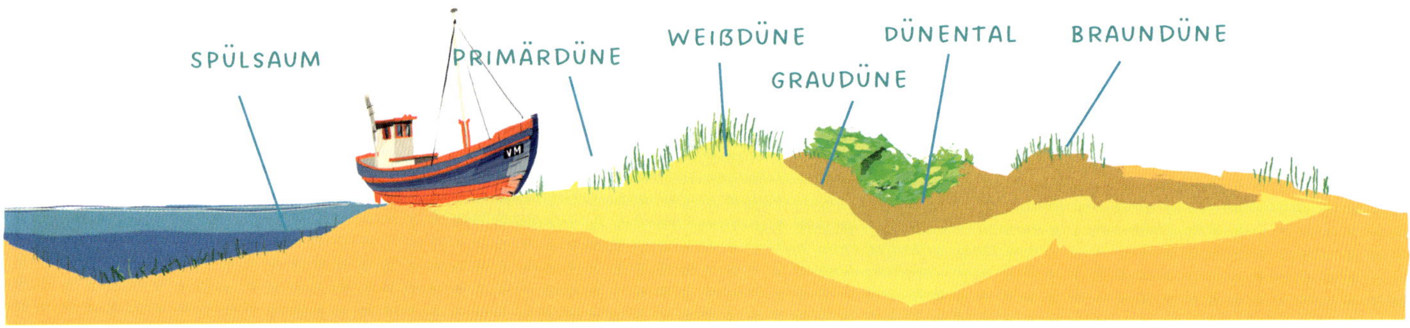

Sanddorn

BLÜTE weiß; März bis Mai; Fruchtreife September bis Oktober
WISSENSWERTES Dornenstrauch auf Graudünen an Nord- und Ostsee mit sehr vitaminhaltigen orangefarbenen Beeren (nur gegart essbar); wächst auch im Gebirge

Kartoffelrose

BLÜTE weiß bis dunkelrosa; Juni bis September
WISSENSWERTES trägt im Herbst Hagebutten (gegart essbar); blüht und fruchtet oft gleichzeitig; stammt eigentlich aus Ostasien; in Europa eindringende Art, die für den Küstenschutz problematisch ist, weil sie heimische Pflanzen massiv verdrängt

STIMMT'S?!

Es gibt Dünen, die wandern

Ja, zumindest im übertragenen Sinne. Eine Düne schnürt natürlich nicht ihre Wanderstiefel und läuft los, aber ihre Form verändert sich durch den Wind ständig. Dadurch verschiebt sich langsam auch ihre Position.

Weht der Wind häufig aus derselben Richtung, wie es am Meer oft der Fall ist, können Dünen mehrere Meter pro Jahr zurücklegen. Deshalb werden sie WANDERDÜNEN genannt.

① Windrichtung

Der Wind treibt die Sandkörner vor sich her die Düne hinauf, diese windzugewandte Seite steigt flacher und länger an als die windabgewandte.

② Dünenkamm

Oben auf der Düne bildet sich eine schmale Abrutschkante.

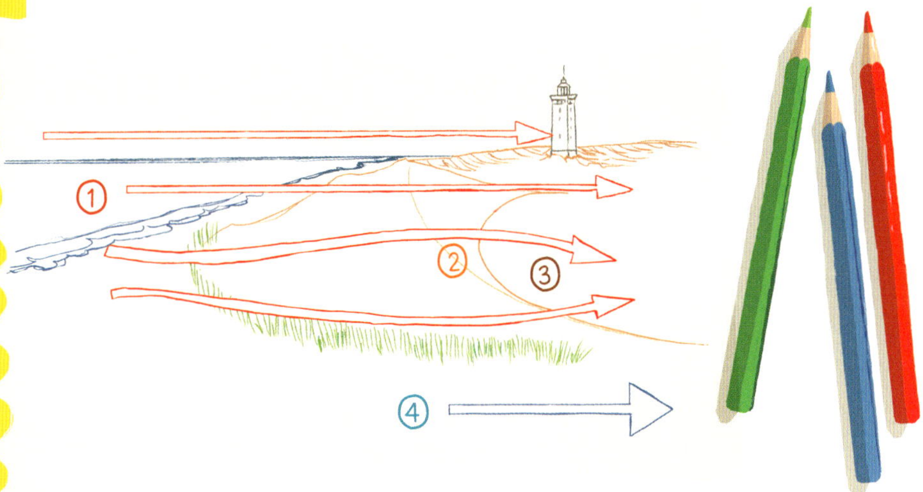

④ Dünenbewegung

Die Düne „wandert“ in Windrichtung, und zwar an den Seiten etwas schneller als in der Mitte, wodurch sie ihre Sichelform bekommt.

③ Abrutschseite

Auf der kürzeren, steileren Seite der Düne fallen die Sandkörner im Windschatten wieder herunter und lagern sich ab.

Stranddistel

BLÜTE blau bis lila; Juni bis August
WISSENSWERTES auf Weißdünen an Küsten in ganz Europa zu Hause; hat blaugrüne, gezackte Blätter mit spitzen Dornen, sieht daher aus wie eine Distel, ist aber keine; geschützte Art (darf nicht gepflückt werden)

Salzmiere

BLÜTE weiß; Juni bis Juli
WISSENSWERTES nur an Nord- und Ostsee, da aber häufig; kommt mit hohem Salzgehalt klar und wächst daher auch an Stellen, die vom Meer überflutet werden; wird sie übersandet, wächst sie parallel zum Boden weiter

Strandhafer

BLÜTE Rispen; Juni bis Juli
WISSENSWERTES Pionierpflanze auf Weißdünen, häufig an Nord- und Ostsee; das Dünengras spielt mit seinen bis zu fünf Meter langen Wurzeln eine wichtige Rolle bei der Befestigung der Düne und wird auch zum Küstenschutz angepflanzt

Sommer im Viertel!

DIE COOLSTEN STRASSENSPIELE

Lange trockene Sommertage sind die beste Zeit, um den Hof oder die Spielstraße mit Kreide zu verschönern. Mit diesen Spielen machen die Schulpause, das Abhängen mit Freunden im Innenhof oder laue Sommerabende mit der Familie noch mehr Spaß.

Sommergymnastik

ANZAHL DER KINDER mindestens 3

VORBEREITUNG Ihr malt Felder mit Buchstaben auf, zum Beispiel 3 mal 3. Dabei können die Buchstaben sich ruhig auch wiederholen. Jeder Buchstabe gibt eine bestimmte Bewegung vor, zum Beispiel:
A = Arme strecken, D = Drehung um sich selbst,
H = Hampelmann, K = Knie beugen, P = Popowackeln und S = Springen.

SO GEHT'S Ein Kind ist der Fitnesstrainer oder die Fitnesstrainerin und steht im Spielfeld. Es hüpft nun beliebig von Feld zu Feld. Die anderen Kinder stehen drum herum, sodass sie es gut sehen können. Wenn die Trainerin oder der Trainer nun in ein Feld springt, müssen alle Kinder die Bewegung machen, die der Buchstabe vorgibt, zum Beispiel bei S hochspringen oder bei H einen Hampelmann machen. Je schneller das Kind im Spielfeld springt, desto lustiger und schwieriger wird es! Wer eine falsche Bewegung macht, löst das Kind in der Mitte ab und ist nun für das Training zuständig.

VARIANTE Ihr könnt euch natürlich auch andere Bewegungen und Buchstaben ausdenken oder Zahlen benutzen und ihnen Aufgaben zuordnen.

Verkehrsschule

ANZAHL DER KINDER mindestens 2

IHR BRAUCHT Kinderfahrzeuge wie Rutschauto, Dreirad, Roller oder Fahrrad

VORBEREITUNG Ihr malt euch nach Belieben eine Straße mit allem, was dazugehört, auf, zum Beispiel Ampeln, Kreisverkehr, Zebrastreifen, Parkplätzen, Einbahnstraßen, Stopp- und Vorfahrtsschildern (je nach Alter der Kinder muss dabei ein Erwachsener helfen).

SO GEHT'S Nun dürft ihr euch mit euren Fahrzeugen frei in eurer „Stadt" bewegen – müsst euch dabei aber natürlich an die vorgegebenen Verkehrsregeln halten! So lernt ihr spielerisch das richtige Verhalten im Straßenverkehr – und habt noch richtig Spaß dabei. Versprochen!

TIPP Aufgemalte Orte, die die Kinder aus dem echten Leben kennen, zum Beispiel der eigene Kindergarten oder Sportverein, erhöhen den Spaß noch zusätzlich!

VARIANTE Ihr könnt ein älteres Kind oder einen Erwachsenen als Verkehrspolizei einsetzen, die überwacht, ob alle Verkehrsregeln eingehalten werden.

Happy Twister

ANZAHL DER KINDER 3 bis 6

VORBEREITUNG Kennt ihr noch Twister – dieses Verknotungsspiel mit Spielmatte und Drehscheibe? Eine vereinfachte Version könnt ihr auch auf die Straße malen: Dazu malt ihr mit vier Kreidefarben (zum Beispiel Rot, Grün, Blau und Gelb) ein Spielfeld mit 4 mal 6 runden Feldern auf (jeweils etwa so groß, dass euer Fuß gut draufpasst). Vier kleine Stücke Kreide derselben Farben nehmt ihr als „Würfel".

SO GEHT'S Ein Kind bleibt außerhalb des Spielfeldes und würfelt. Die anderen stellen sich jeweils an einer Seite mit dem linken und rechten Fuß auf die zwei mittleren Kreise am Rand des Spielfeldes. Es können also bis zu vier Kinder gleichzeitig twistern. Seid ihr mehr, könnt ihr auch einen Schiedsrichter oder eine Schiedsrichterin bestimmen, ansonsten übernimmt diese Aufgabe das Kind, das würfelt.

Der „Würfel" entscheidet jetzt, was die Spieler und Spielerinnen machen müssen. Dabei würfelt ihr in einer festen Reihenfolge die Farben für „linker Fuß", „rechter Fuß", „linke Hand" und „rechte Hand" und die Kinder auf dem Spielfeld müssen diese dann umsetzen, zum Beispiel: linker Fuß auf Rot, rechter Fuß auf Grün, linke Hand auf Gelb, rechte Hand auf Rot oder Ähnliches.

WICHTIGSTE REGEL Es darf immer nur eine Hand oder ein Fuß auf dasselbe Farbfeld gesetzt werden.

Wer als Erste oder Erster umfällt oder eine Aufgabe nicht mehr ausführen kann, scheidet aus. Das Kind, das sich als letztes noch auf dem Spielfeld befindet, hat gewonnen.

VARIANTE Ihr malt zusätzlich ein Würfelfeld mit 2 mal 2 Rechtecken auf, von denen je eines für ein Körperteil steht. Dann würfelt ihr entweder mit den Farben einzeln hintereinander oder mit allen gleichzeitig und die Spieler und Spielerinnen müssen das Ergebnis dann auf dem Spielfeld umsetzen.

Abgehakt

ANZAHL DER KINDER 2 bis 4

VORBEREITUNG Ihr malt ein 5 mal 5 Meter großes Quadrat auf den Boden und unterteilt es in 10 mal 10 kleinere Quadrate.

SO GEHT'S Jedes Kind nimmt ein Stück Kreide und stellt sich in eine der Ecken. Das erste Kind geht ein Quadrat weiter und streicht das Quadrat, in dem es vorher gestanden hat, durch. Das nächste Kind macht es genauso.

WICHTIGSTE REGEL Durchgestrichene Quadrate dürfen nicht mehr betreten werden.

Dabei kann es passieren, dass ein Spieler oder eine Spielerin „blockiert" wird und nicht mehr vor und zurück kann. Gewonnen hat, wer sich als Letzte oder Letzter noch bewegen kann.

VARIANTE Wer das Spielfeld mehrfach benutzen will, kann die bereits betretenen Felder auch mit Steinen oder Ähnlichem blockieren, statt sie durchzustreichen.

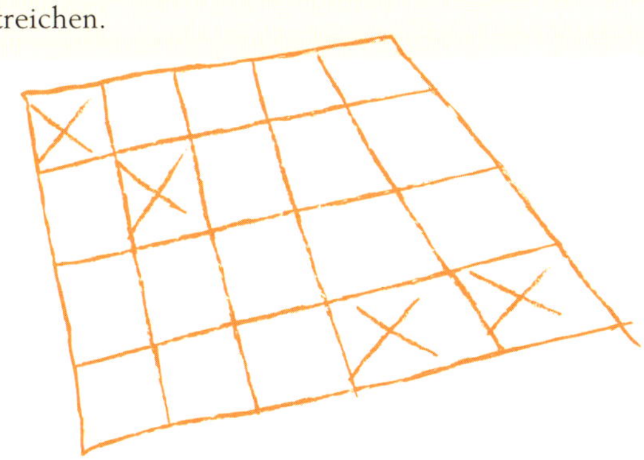

Goldener HERBST!

Auf den Wiesen blüht die krokusähnliche Herbstzeitlose. Achtung, nicht anfassen: Die Pflanze ist hochgiftig!

Es ist Hauptzeit des Vogelflugs. In Brandenburg und Mecklenburg-Vorpommern sammeln sich Tausende Kraniche, um laut trompetend gemeinsam in den Süden zu fliegen.

SEPTEMBER

OKTOBER

Die Paarungszeit (Brunft) der Rothirsche ist in vollem Gange. Besonders in der Dämmerung könnt ihr die Rufe der männlichen Hirsche (Röhren) hören.

Äpfel, Birnen, Weintrauben und Kartoffeln sind jetzt reif und wollen verarbeitet werden.

Im Garten und Wald legen sich Eichhörnchen und Eichelhäher ihre Wintervorräte an.

Für Vögel sind Wildfrüchte wie Vogelbeere, Liguster und Hagebutte ein wichtiges und begehrtes Futter für die kalte Jahreszeit. Manche, wie die Schlehe, schmecken erst nach dem ersten Frost richtig süß.

NOVEMBER

Auch die Bäume bereiten sich auf den kalten Winter vor und ihre Blätter leuchten in den buntesten Farben.

Igel, Siebenschläfer und Fledermäuse suchen sich spätestens jetzt ein geschütztes Quartier und beginnen mit dem Winterschlaf.

WARUM *färben sich die Blätter im Herbst bunt …*

Blätter haben immer verschiedene Farben. Sie färben sich also gar nicht wirklich bunt, sondern sind es schon. Farben wie Gelb, Orange und Rot befinden sich auch im Frühjahr und Sommer in den Pflanzen. In den wärmeren Jahreszeiten ist aufgrund der hohen Aktivität des Baumes aber nur das Blattgrün zu sehen (siehe Seite 15).

Etwa ab Mitte Oktober schalten die Bäume auf Sparflamme und bereiten sich auf den kalten Winter vor: Bevor sie in den „Winterschlaf" fallen, bauen sie das wertvolle Blattgrün aus den Blättern ab. Es wird mit weiteren Nährstoffen für den kommenden Frühling im Stamm, in der Krone und den Wurzeln eingespeichert. Dadurch werden die anderen im Blatt enthaltenen Farbpigmente sichtbar: Carotinoide machen die Blätter gelb und orange, Anthocyane sorgen für rot. Die bräunliche Färbung entsteht, wenn die Blätter absterben.

Schon gewusst?!

Auch die Nadeln von Nadelbäumen sind Blätter, aber deutlich kleiner als bei Laubbäumen. Außerdem haben sie eine dicke Wachsschicht. Beides hemmt die Verdunstung von Feuchtigkeit und verhindert das Austrocknen im Winter. Die einzige Ausnahme ist die Lärche: Ihre Nadeln sind sehr schmal und die Wachsschicht ist dünn. Deshalb fallen sie ebenfalls ab.

Farbe als Schutz

8+

Weil der Baum im Herbst die Fotosynthese herunterfährt, wandelt er weniger Sonnenlicht in Energie um. Wissenschaftler und Wissenschaftlerinnen haben herausgefunden, dass die rötliche Blattfärbung auch vor zu viel UV-Licht schützt, das den Blättern schaden könnte.

Andere glauben außerdem, dass die bunten Farben ein Signal an bestimmte Insekten, zum Beispiel Blattläuse, darstellen. Sie könnten demzufolge bedeuten, dass der Baum gesund und wehrhaft ist. Diese Annahme ist aber umstritten beziehungsweise noch nicht zu Ende erforscht.

... und fallen dann vom Baum?

Mit dem Abwurf der Blätter bereitet sich der Baum auf den Winter vor. Er wird durch das Sonnenlicht gesteuert: Wenn die Tage kürzer werden, bildet der Baum eine Trennschicht zwischen Blattstielen und Ästen. Es wird keine Feuchtigkeit mehr in die Blätter gepumpt und sie werden welk – wie der Blumenstrauß, dem wir vergessen, Wasser zu geben. Weht dann der Herbstwind durch die Äste, segeln die abgestorbenen Blätter einfach zu Boden.

In der kalten Jahreszeit hat ein blätterloses Dasein für den Baum nur Vorteile. Ein dichtes Blätterdach würde, zum Beispiel wenn viel Schnee fällt oder Stürme toben, für Probleme sorgen. Der Schnee würde sich auf den Blättern ablegen – die Folge: Die Krone wird zu schwer und Äste brechen ab. Auch der Wind hat bei einem belaubten Baum mehr Angriffsfläche, das heißt, die Bäume stürzen bei Sturm leichter um. Deshalb sind die Schäden von frühen Herbststürmen, wenn die Bäume noch viel Laub tragen, immer am schwerwiegendsten für unsere Wälder. Ohne Blätter können die Wurzeln den Baum besser festhalten.

Außerdem nehmen die Bäume, je kälter es wird, immer weniger Feuchtigkeit mit den Wurzeln aus dem Boden auf. Beginnt es zu frieren, stellen sie das „Trinken“ sogar ganz ein (siehe Seite 140/141). Hätte der Baum zu diesem Zeitpunkt noch Blätter, würden diese aber weiterhin Wasser abgeben und der ganze Baum nach und nach austrocknen.

Laub bitte liegen lassen!

Liegen gelassenes Laub bildet am Boden eine isolierende Schicht, die sich wie eine warme Decke darüberlegt. Die abgestorbenen Blätter schützen die Baumwurzeln und den Boden im Winter vor Frost und harter Witterung. Außerdem überwintern im Laub Tiere, zum Beispiel Igel und verschiedene Schmetterlingsarten. Kleine Lebewesen und Bakterien ernähren sich davon, verarbeiten und zersetzen es. Auf diese Weise wird aus den Blättern im Laufe der Zeit nährstoffreicher Humus (siehe Seite 59).

GENAU HINSEHEN Im Laub tummeln sich viele kleine Tiere. Mit einer Lupe könnt ihr darin zum Beispiel Käfer, Tausendfüßler, Spinnen, Asseln und Würmer entdecken!

WARUM *tragen Eicheln Hüte*?

Hübsch sieht es aus, das Hütchen, das die Eichel trägt. Aber ihre beschuppte Kappe hat die Frucht der Eiche natürlich nicht zur Zierde. Der Eichelhut schützt die entstehende Frucht, zum Beispiel vor dem Gefressenwerden. Genau genommen ist der Eichelhut auch keine Kappe, sondern eher ein Becher, aus dem die Frucht herauswächst.

Der kelchförmige Fruchtbecher entsteht aus der Blütenachse, also dem Pflanzenteil, der die Organe für die Blüte enthält. Aus den Samenanlagen der befruchteten Blüte wächst anschließend die Eichel, also die Frucht, heran.

Auch Kastanien und Buchen bilden stachelige, beschuppte Fruchtbecher als Fraßschutz. Bei ihnen wird allerdings die komplette Frucht umhüllt. Der Eichel reicht das halb offene Hütchen, weil sie im unreifen Zustand aufgrund ihrer Bitterstoffe ohnehin von den meisten Tieren verschmäht wird. Eine reife Eichel erkennt ihr daran, dass sie sich ganz leicht aus der Kappe lösen lässt.

Stiel-Eiche

GRÖßE bis 35 m hoch, Durchmesser (Stamm) bis 2,5 m, Blatt bis 15 cm lang

MERKMALE breiter Wuchs mit mächtigen Ästen, oft krumm und knorrig; Blüte von April bis Juni, weibliche Blüten knöpfchenförmig auf langen Stielen, männliche Blüten als hängende Kätzchen; eiförmige, gebuchtete Blattform; Eicheln hängen an langen Stielen

FRUCHTREIFE September bis Oktober

WISSENSWERTES kann bis zu 1.000 Jahre alt werden; einer der wichtigsten Forstbäume und häufigsten Laubbäume in Mitteleuropa

Steckbrief

WIE *schmecken Eicheln*?

Im rohen Zustand gar nicht! Direkt vom Baum schmecken Eicheln bitter und sind für den Menschen giftig. Richtig zubereitet können reife Eicheln aber gegessen werden. Sie haben einen nussigen, leicht süßlichen Geschmack und sind sehr nahrhaft.

Eine rohe Eichel schmeckt so bitter, dass ihr sie vermutlich direkt wieder ausspucken würdet. Weil sie wasserlöslich sind, lassen sich die giftigen Gerbstoffe aber „auswaschen". Ausgeschwemmte Eicheln haben einen nussigen, leicht süßlichen Geschmack, enthalten viele Nährstoffe und können im Ganzen als leckerer Snack oder gemahlen – beispielsweise als Mehl- oder Kaffeeersatz – verwendet werden.

Für viele Wildtiere, zum Beispiel Wildschweine und Rotwild, sind die energiereichen Eicheln aber auch roh ein beliebtes Winterfutter. Früher wurden Hausschweine extra zur Eichelmast in den Wald getrieben. Für Pferde und Rinder sind die Früchte dagegen giftig.

Eicheln genießbar machen

1. Eicheln waschen und Backofen auf 150 Grad vorheizen.
2. Eicheln auf einem Backblech ausbreiten und circa 20 Minuten lang rösten, bis die Schalen aufspringen.
3. Eicheln schälen und entweder ganz oder schon zerkleinert für vier Tage in Wasser einlegen.
   TIPP Dazu gebt ihr sie am besten in einen Stoffbeutel oder ein Wäschenetz!
4. Das Wasser täglich wechseln, bis es klar bleibt.
5. Die Eicheln bei schwacher Hitze (etwa 100 Grad) im Backofen trocknen.
6. Anschließend könnt ihr die Eicheln mit der Küchenmaschine oder Kaffeemühle zu Mehl vermahlen oder als Snack essen, beispielsweise in der Pfanne angeröstet.

WAS *sind Pilze*?

Pilze sind weder so richtige Tiere noch Pflanzen. Deshalb entschieden Wissenschaftler und Wissenschaftlerinnen im 20. Jahrhundert, sie einem eigenen Reich zuzuordnen. Neben Pflanzen und Tieren bilden die Pilze seitdem die dritte große Gruppe unter den Lebewesen. Obwohl sie eher wie Pflanzen wirken, sind Pilze sogar enger mit den Tieren verwandt.

Im Mittelalter dachten die Menschen noch, Pilze seien gar keine Lebewesen. Das lag sicherlich hauptsächlich an ihrer scheinbaren Bewegungslosigkeit. Wie Pflanzen sind Pilze fest verwurzelt, können sich also nicht selbst fortbewegen. Deshalb wurden sie später auch lange Zeit den Pflanzen zugeordnet.

Pilze betreiben aber keine Fotosynthese, um zu wachsen, sondern ernähren sich – wie Tiere – von anderen Lebewesen, zum Beispiel Totholz oder alten Blättern. Anders als Tiere haben sie aber natürlich kein Maul und Zähne zum Fressen. Stattdessen nehmen sie die Nährstoffe, die sie zum Überleben brauchen, in gelöster Form aus der Umgebung auf.

Giftige Pilze

FLIEGENPILZE sind stark giftig, wenn auch selten tödlich. Eine Vergiftung zeigt sich durch Durchfall, Erbrechen und Herz-Kreislauf-Beschwerden.

ACHTUNG, VERWECHSLUNGSGEFAHR! Viele essbare Speisepilze haben einen giftigen Doppelgänger. Pilze nur gemeinsam mit einer Person sammeln, die sich mit Pilzen auskennt!

BEIM VERDACHT EINER PILZVERGIFTUNG bitte sofort den Notarzt über die 112 oder den für eure Region zuständigen Giftnotruf rufen – im Zweifel oder bei lebensbedrohlichen Symptomen immer den Rettungsdienst, dieser kontaktiert den Giftnotruf sowieso. Vorhandene Pilzreste oder Erbrochenes sicherstellen!

Schon gewusst?!

Die Wissenschaft, die sich mit Pilzen beschäftigt, heißt Mykologie.

WARUM *haben Fliegenpilze Punkte*?

Wenn ein Fliegenpilz jung ist, steckt sein roter Hut in einer weißen Schutzhülle. Erst später bricht diese auf und die rote Farbe zeigt sich. Die weißen Punkte sind nichts anderes als Reste der Hülle. Deshalb können sie bei Regen auch abgewaschen werden.

Das, was wir umgangssprachlich als Pilz bezeichnen, ist nur der Fruchtkörper des Fliegenpilzes. Er entwickelt sich aus einem unterirdischen Geflecht aus Pilzfäden (Myzel) und kommt im Sommer und Herbst zum Vorschein, vor allem im September. Während die Frucht nur eine relativ kurze Zeit überlebt, kann das Pilzgeflecht viele Jahre alt werden.

1. „Hexenei" in Schutzhülle (Velum)

Der Fruchtkörper eines jungen Fliegenpilzes wird zuerst als eiförmiges Gebilde sichtbar, das noch vollständig von einer hautartigen Hülle umschlossen ist.

2. Roter Fruchtkörper mit aufgebrochenem Velum

Wenn der Pilz älter wird und der Stiel wächst, bricht die Hülle immer weiter auf.

3. Verlängerter Stiel und punktförmige Velum-Reste

Der Hut wird flacher und der Stiel länger. Von der ursprünglichen Schutzschicht sind dann nur noch die typischen weißen Punkte übrig.

4. Breiter Hut mit Velum-Resten und Lamellen

Der Hut wird bis zu 20 cm breit. Die Sporen, also quasi die Samen der Pilze, reifen an der Unterseite des Hutes in den Lamellen heran. Sie sind winzig klein, leicht wie Staub und können durch den Wind weit verbreitet werden. Wenn sie auf fruchtbaren Boden fallen, entsteht ein neuer Pilz (1.).

WARUM *fallen Kastanien vom Baum*?

Auch wenn wir mit den heruntergefallenen Kastanien wunderbar basteln können und sie sich in der Hand einfach toll anfühlen – der Kastanienbaum schmeißt sie natürlich nicht zum Spaß ab. Es handelt sich bei ihnen um seine Samen, ohne die er sich nicht vermehren könnte. Aus jeder Kastanie kann theoretisch ein neuer Baum entstehen.

1. Die Kastanie fällt vom Baum

Beim Aufprall auf den Boden platzt die stachelige Kapselfrucht auf und gibt den Samen frei, die Kastanie.

2. Die Schale verändert sich

Manche Kastanien werden von Tieren gefressen, andere bleiben unbemerkt im Laub liegen. Durch die Witterung wird ihre Schale dunkel und stumpf. Schon jetzt trägt sie alle Nährstoffe in sich, um zu keimen. Aber zunächst muss sie den Winter überstehen.

3. Die Kastanie überwintert

Kälte macht der Frucht nichts aus, sie braucht sie sogar zum Keimen. Ihre Feinde sind eindringende Feuchtigkeit, die sie schimmeln lässt, und hungrige Waldtiere. Dennoch überstehen genug Kastanien den Winter unbeschadet.

7. Die Kastanie trägt Früchte

Bleibt der Baum von Fraßfeinden und negativen Umwelteinflüssen verschont, wird er in 10 bis 15 Jahren zwischen April und Mai zum ersten Mal blühen. Aus den rosafarbenen oder weißen Blüten entstehen die Früchte.

6. Ein junger Baum entsteht

Wurzeln und Keimling versorgen sich nun selbst mit Nährstoffen und Energie und wachsen weiter. Wildtiere wie Rehe und Hasen freuen sich über den schmackhaften jungen Trieb.

Zahlen zu Kastanien

Bis zu **30 METER** hoch wird eine Kastanie.

Mit **50 JAHREN** ist sie ausgewachsen.

MEHRERE HUNDERT KASTANIEN trägt ein erwachsener Baum pro Jahr.

Bis zu **200 JAHRE** alt können Kastanien werden.

4. Das Wachstum wird aktiviert

Vom stärkeren Sonnenlicht angeregt, bilden sich im Inneren der Kastanie die ersten Wurzeln, die sich durch die mittlerweile rissige Schale nach außen bohren.

5. Die Kastanie keimt

Die Wurzeln graben sich Stück für Stück in den Boden, um an Wasser und Nährstoffe zu gelangen. Etwas später schiebt sich ein zarter Keimling durch die Schale und wächst in Richtung Sonnenlicht.

Was sind Maronen?

Im Herbst und Winter gibt es sie: geröstet auf Weihnachtsmärkten, als fertiger Snack im Supermarkt, als Zutat in Suppen oder Nudelgerichten – Maronen. Der Maronenbaum gehört zu den Edelkastanien, seine Früchte zu den Nüssen.

Die Marone ist eine weitergezüchtete Form der Esskastanie. Beide gehören aber zu den Edelkastanien und sind für den Menschen essbar.

Maronen sind zwischen Ende September und Anfang Oktober reif. Die geschälten Nussfrüchte schmecken nussig-süß und können roh, gekocht oder gebacken verzehrt werden. Sie enthalten viel Eiweiß, reichlich Vitamine, Nähr- und Mineralstoffe wie Eisen, Calcium und Magnesium und – wie alle Nussfrüchte – auch einiges an Kalorien.

Edelkastanien (Buchengewächse) sind nicht verwandt mit den bei uns weitverbreiteten Rosskastanien (Seifenbaumgewächse). Letztere eignen sich zwar als Tierfutter, sind für den Menschen aber giftig.

Zum Glück lassen sich Ross- (1) und Edelkastanien (2) ziemlich problemlos unterscheiden: Die essbaren Kastanien sind flach und spitz, während die Rosskastanien eher rund sind. Auch die Fruchthülle unterscheidet sich: Bei den Esskastanien besteht sie aus langen, weichen Stacheln, die Rosskastanien haben eine harte Hülle mit kurzen Stacheln.

Wie schmeckt der Herbst?

KLEINE APFELKUNDE

Alte Apfelsorten, die für den eigenen Garten geeignet sind:

Steckbriefe

Danziger Kantapfel

auch: Erdbeer-/Himbeer-/Rosenapfel

HERKUNFT
unbekannt, 18. Jahrhundert

AUSSEHEN
mittelgroß, kegelförmig, glänzend rot mit natürlicher Wachsschicht

ERNTEREIFE
September/Oktober

GESCHMACK
saftig, süß

GEEIGNET FÜR
Kochen/Backen, Entsaften

Der Schöne aus Boskoop

HERKUNFT
Niederlande, 19. Jahrhundert

AUSSEHEN
groß, zum Teil verschorfte Schale, rot-gelb

ERNTEREIFE
Oktober/November

GESCHMACK
saftig, säuerlich

GEEIGNET FÜR
Kochen/Backen, Entsaften/Weinherstellung, lange Lagerung

Purpurroter Cousinot

auch: Blutapfel

HERKUNFT
vermutlich Norddeutschland, 16. Jahrhundert

AUSSEHEN
klein bis mittelgroß, rund bis eiförmig, leuchtend rot, eventuell mit hellen Punkten

ERNTEREIFE
September/Oktober

GESCHMACK
saftig, süßsauer

GEEIGNET FÜR
direkten Verzehr, Kochen/Backen, Entsaften, lange Lagerung, Menschen mit Allergien

Berlepsch

auch: Goldrenette Freiherr von Berlepsch

HERKUNFT
Deutschland, 19. Jahrhundert

AUSSEHEN
mittelgroß, gelb bis goldgelb mit rot marmorierter Sonnenseite

ERNTEREIFE
September/Oktober

GESCHMACK
saftig, süßsauer

GEEIGNET FÜR
direkten Verzehr, Entsaften, lange Lagerung, Menschen mit Allergien

8+

Warum alte Apfelsorten?

Urtümliche Apfelsorten, die oft auf Streuobstwiesen angebaut werden, enthalten häufig mehr Vitamine als neu gezüchtete Sorten, wie wir sie zum Beispiel im Supermarkt bekommen. Auch für Menschen mit Allergien lohnt sich der Griff zu den alten Sorten, denn sie werden häufig besser vertragen. Dafür sind die Bäume meist anfälliger für Krankheiten oder Schädlinge und viele Sorten auf bestimmte Regionen beschränkt. In unseren Steckbriefen findet ihr einige alte Sorten, die in nahezu ganz Deutschland gepflanzt werden können und relativ unempfindlich sind.

Fakten zur Apfelernte

- Sommeräpfel lassen sich in der Regel nicht gut lagern, müssen also schnell verzehrt oder verarbeitet werden.
- Winteräpfel hingegen entwickeln bei der Lagerung oft erst ihren richtigen Geschmack.
- Die Ernte an einem Baum dauert circa zwei bis drei Wochen, in denen alle acht bis zehn Tage gepflückt werden sollte.
- Je mehr Früchte ein Baum trägt, desto länger brauchen sie, um zu reifen.

WANN *sind die Äpfel reif*?

Wann ein Apfel genießbar ist, hängt von seiner Sorte, dem Wetter und dem Standort des Baumes ab – und ist von außen gar nicht so leicht zu sehen. Die ersten Apfelsorten können wir bereits Ende Juli (Sommeräpfel), die letzten erst im November ernten (Winteräpfel). Nach dem Aufschneiden erkennt ihr reife Äpfel am sichersten an der braunen Farbe ihrer Kerne.

Leckere Apfelrezepte findet ihr hier:

Es gibt außerdem weitere Anhaltspunkte für die Reife der Früchte. Erstens: Der Apfel lässt sich mit leichtem Drehen vom Ast lösen. Müsstet ihr dafür kräftig ziehen, lasst ihn lieber noch eine Weile hängen! Zweitens gibt immer auch die Sorte Aufschluss über den Erntezeitpunkt. Zu wissen, welchen Apfel ihr im Garten habt, erspart euch also einiges Rätselraten! Drittens kann auch der Geschmack euch Auskunft geben: Schmeckt ein Apfel extrem sauer und hinterlässt ein pelziges Gefühl auf der Zunge, ist er vermutlich noch unreif. Ist ein Apfel glanzlos, schrumpelig und schmeckt nicht sonderlich, ist er bereits überreif.

Schon gewusst?!

Der Vogel kann die Würmer übrigens sogar unter der Erde kriechen hören und die Bewegungen seiner Beute spüren – deshalb auch das Lauschen mit schief gelegtem Kopf.

WARUM *hüpft die Amsel auf dem Rasen* ?

Die Amsel hüpft ein bisschen übers Gras, stoppt kurz, legt den Kopf schief, macht eine blitzschnelle Bewegung – und zieht mit dem Schnabel einen dicken Regenwurm aus dem Boden. Das können wir bei Amseln häufig beobachten. Durch das Hüpfen macht der Vogel das Geräusch von prasselndem Regen nach. Dieses treibt die Regenwürmer an die Oberfläche.

Das tun die Würmer nicht etwa, weil sie den Regen so lieben. Auch nicht, weil sie Angst vor dem Ertrinken haben, wie lange angenommen wurde. Regenwürmer haben keine Lunge, sondern atmen mit der Haut, können also im Grunde gar nicht ertrinken. Selbst in überflutetem Boden bekommen die Tiere noch genügend Sauerstoff.

Was sie aus der Erde kriechen lässt, sind die Schwingungen (Vibrationen), die die Regentropfen – oder auch die hüpfende Amsel – im Boden verursachen. Diese Theorie – die übrigens schon der Naturforscher Charles Darwin im 19. Jahrhundert hatte – klingt zwar verrückt, ist aber durch Experimente belegt: In Versuchen wurde herausgefunden, dass Regen, der auf den Boden prasselt, die gleichen Schwingungen verursacht wie ein grabender Maulwurf (siehe Seite 154/155), einer der größten Fressfeinde des Regenwurms. Um dem vermeintlichen Angreifer zu entkommen, fliehen die Regenwürmer nach oben. Im Experiment passierte das auch, wenn der Regen nur vorgetäuscht war, wie es die Amsel tut.

WAS *hat der Regenwurm mit „Regen“ zu tun*?

Mit Niederschlag gar nichts – hinter seinem Namen verbirgt sich das Tu-Wort (Verb) „regen“, was „sich bewegen“ bedeutet. Früher wurde das Tier als „reger Wurm“ bezeichnet, weil es ständig herumkriecht. Daraus wurde irgendwann einfach „der Regenwurm“.

Dabei gibt es DEN Regenwurm gar nicht. Bei uns sind 40 verschiedene Arten von Regenwürmern zu Hause, die häufigsten sind der Tauwurm und der Kompostwurm. Weltweit gibt es sogar über 3.000 Arten.

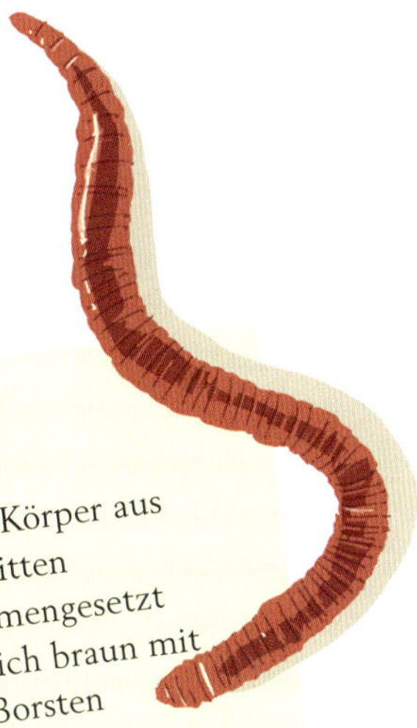

SO GRÄBT EIN REGENWURM

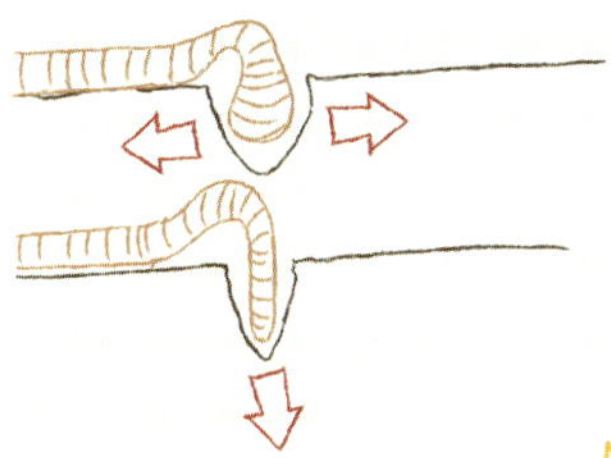

WURMQUERSCHNITT

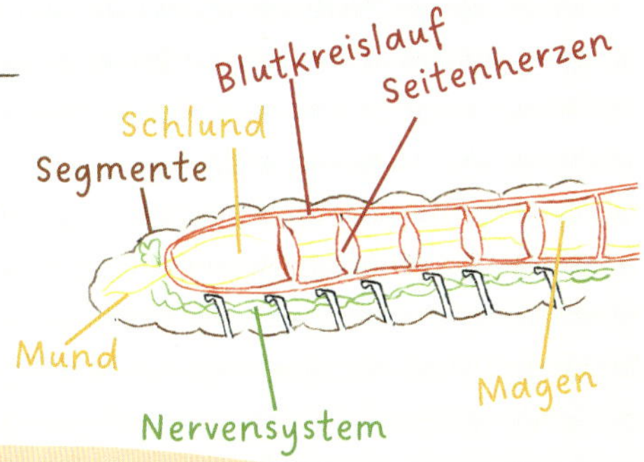

Tauwurm

GRÖẞE bis 30 cm; Körper aus 135 bis 180 Abschnitten (Segmenten)zusammengesetzt
MERKMALE rötlich braun mit kleinen fühlbaren Borsten
LEBENSRAUM Wiese, Garten, Obstplantage; lebt im Boden in senkrechten bis zu zwei Meter tiefen Gängen

Kompostwurm

(auch: Mistwurm oder Stinkwurm)

GRÖẞE bis 9 cm; circa 105 Segmente
MERKMALE rötlich mit gelben Ringen
LEBENSRAUM Kompost, Misthaufen; braucht organisches Material zum Überleben und hilft bei dessen Zersetzung

Steckbriefe

Fakten zu Regenwürmern

- Ein Regenwurm hat fünf (!) Herzpaare (Seitenherzen), die sich in den Segmenten sieben bis elf befinden.
- Die kleinen Tiere können das 50- bis 60fache ihres Körpergewichts bewegen.
- Regenwürmer sind bei Temperaturen zwischen zehn und 15 Grad Celsius am aktivsten. Ist es im Sommer zu heiß beziehungsweise zu trocken oder im Winter zu kalt, halten sie eine Art Sommer- bzw. Winterschlaf.
- Regenwürmer sind Zwitter, haben also Hoden und Eierstöcke. Geschlechtsreife Tiere erkennt ihr am „Sattel“, einer Verdickung im vorderen Drittel des Wurmkörpers.
- Die Würmer sind Bodenverbesserer – sie graben um, lockern die Erde auf und düngen.
- Sie bewegen sich mithilfe ihrer Längs- und Ringmuskeln fort, die sich abwechselnd zusammenziehen und entspannen.

WIE VIELE *Stacheln hat ein Igel*?

Igel sehen putzig aus, aber zum Kuscheln laden sie mit ihren vielen spitzen Stacheln nicht ein. Mit ihnen kommen sie bereits zur Welt. Die etwa 100 Stacheln eines Babyigels sind aber noch weiß und weich, um die Mutter bei der Geburt nicht zu verletzen. Ein ausgewachsener Igel hat zwischen 6.000 und 8.000 braune und sehr spitze Stacheln.

Dreimal im Leben wechselt der Igel sein Stachelkleid. Die nicht einmal einen Zentimeter langen Erstlingsstacheln fallen schon wenige Tage nach der Geburt aus und werden nach und nach durch die zweite Generation Stacheln ersetzt. Nach zehn Tagen hat ein kleiner Igel bereits circa 300 Stacheln. Diese sind schon spitz und dunkel, bloß etwas kürzer als die Stacheln des erwachsenen Tieres. Die endgültigen Stacheln sind dann zwei bis drei Zentimeter lang.

Igelstacheln sind im Grunde weiterentwickelte Haare. Wie diese oder auch wie unsere Fingernägel bestehen sie aus Horn (Keratin). Sie sind hohl und zur besseren Tarnung gestreift. Ab und zu kann es passieren, dass ein Igel Stacheln verliert. Sie wachsen aber nach.

So stellt der Igel seine Stacheln auf

Bei Gefahr können die Igel ihre Stacheln aufstellen und sich zu einem wirklich piksigen Ball zusammenrollen, sodass kaum ein Feind ihnen etwas anhaben kann. Das Aufstellen geht so:
Die Stacheln sind mit ihrem stempelförmigen Ende (1) in der Haut (2) verankert. Jeder Stachel wird durch einen eigenen Muskel (3) bewegt.

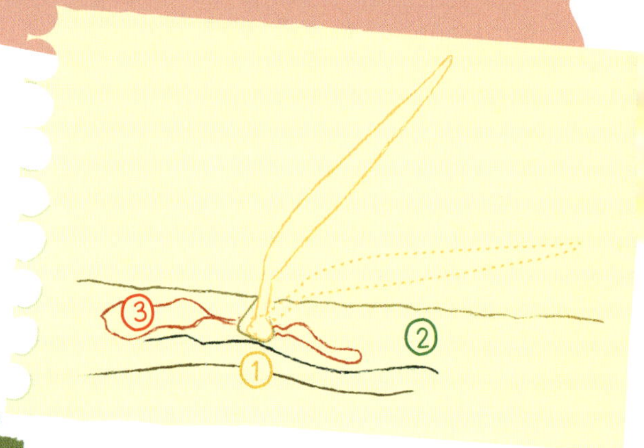

WAS *macht der Igel im Herbst*?

Im Herbst sind die Chancen, einen Igel zu sehen, besonders hoch – denn dann sind die Tiere am aktivsten! Wie die meisten Wildtiere bereitet sich der Igel jetzt auf den Winter vor. Er braucht eine Fettschicht, die ihn vor Kälte schützt und während des Winterschlafes als Reserve dient. Igel müssen sich im Herbst also mehr als satt fressen.

Igel sind Fleischfresser und mögen vor allem Insekten, am liebsten Käfer, Ohrenkneifer und Falter. Aber auch Spinnen, Würmer und Schnecken schmecken ihnen. Größere Igel fressen selten auch kleine Mäuse oder Vogeleier. Mit Anbruch der Dunkelheit suchen sie ihre Nahrung bevorzugt im Gebüsch, unter Hecken oder im Unterholz. Wenn die Sonne wieder aufgeht, ruhen sich die dämmerungs- und nachtaktiven Tier unentdeckt im hohen Gras aus.

Selten sind junge oder ausgehungerte Igel auch mal tagsüber unterwegs, denn sie haben für den Winter noch mehr aufzuholen. Diese Tiere solltet ihr unbedingt ganz in Ruhe ihr Futter suchen lassen! Die meisten Igel überleben den Winter auch ohne menschliche Hilfe.

Nur im Notfall: Erste Hilfe für Igel

Folgende Tiere brauchen vermutlich Hilfe: Igeljunge, die tagsüber allein unterwegs sind; kranke oder verletzte Tiere (Anzeichen: tagaktiv, apathisch, schwach, abgemagert, zittrig, rollen sich kaum oder nicht ein, starker Schädlingsbefall, zum Beispiel Würmer, Flöhe und Zecken, sichtbare Verletzungen).

Findet ihr einen vermeintlich hilfsbedürftigen Igel, wendet euch als Erstes an eine Igelstation, eine Tierarztpraxis oder ein Tierheim. Dort wird euch gesagt, wohin ihr das Tier zum Aufpäppeln bringen könnt.

Wenn ihr einem unterernährten Igel selbst Futter anbieten wollt, stellt ihm am besten Katzennassfutter, vermischt mit Igeltrockenfutter oder Haferflocken hin. Sorgt durch eine Abdeckung dafür, dass sich nicht auch noch Katzen, Ratten und Füchse daran bedienen.

ACHTUNG Igel mögen zwar Milch, vertragen sie aber nicht! Frisches Wasser ist aber wichtig, daher freut sich der Igel über eine Tränke am Boden.

8+

WARUM *haben* Hirsche ein Geweih?

Das Geweih der männlichen Hirsche sieht prächtig aus – und das soll es auch. Ein großes starkes Geweih beeindruckt sowohl mögliche Partnerinnen als auch Rivalen, denn es strahlt Kraft und Gesundheit aus. Es ist aber nicht nur ein hübscher Kopfschmuck, sondern auch eine wirkungsvolle Waffe. In der Paarungszeit (Brunft) im Herbst kämpfen die Männchen damit um ihre Frauen.

Bei fast allen Hirschen, also beispielsweise Rehen, Rotwild, Damwild und Elchen, tragen deshalb nur die männlichen Tiere ein Geweih. Je nach Hirschart wird das Geweih nach der Paarung entweder im Spätherbst (wie bei Rehen) oder im Spätwinter beziehungsweise Frühjahr (wie bei Rothirschen) abgeworfen.
Kurz darauf beginnt ein neues nachzuwachsen.

Eine Ausnahme bildet das Ren, bei dem auch die Weibchen kleine Geweihe ausbilden. Das hat vermutlich mit dem kargen Futterangebot in der nördlichen Heimat der Rentiere zu tun. Im Winter benötigen die Weibchen ebenfalls eine „Waffe“, um sich und ihr Kalb zu schützen und ihre Futterstellen zu verteidigen. Anders als die männlichen Rentiere werfen sie ihre Geweihe deshalb auch erst im Frühling und nicht schon nach der Paarung ab.

Fakten zu Geweihen

- Ein Hirschgeweih kann zwei Zentimeter pro Tag wachsen und ist damit der am schnellsten wachsende Knochen bei Säugetieren.
- Der Abwurf des Geweihs im Herbst bzw. Winter wird von Hormonen gesteuert. Denn dann befindet sich das männliche Sexualhormon Testosteron auf dem Tiefstand.
- Das neue Geweih wächst aus Knochenzapfen auf der Stirn, den „Rosenstöcken“. Solange es noch nicht verzweigt ist, wird es „Kolbenstange“ genannt und ist von einer dünnen Haut (Bast) überzogen. Diese trocknet während des Wachstums aus und wird vom Hirsch an Ästen und Sträuchern abgescheuert („abgefegt“).
- Die braune Farbe erhält das Geweih durch Pflanzensäfte, die den Knochen färben, wenn die Basthaut abgerieben wird.
- Im Gegensatz zu Hörnern, zum Beispiel von Rindern, Gämsen oder Ziegen, bestehen Geweihe nicht aus Horn (Keratin), sondern aus lebenden Knochen mit Blutgefäßen und Nerven.
- Hörner können nicht abgeworfen werden und wachsen ein ganzes Tierleben lang. Bei vielen Hornträgern haben außerdem auch die weiblichen Tiere Hörner.

Schon gewusst?!

Solltet ihr im Wald Teile eines abgeworfenen Geweihes finden, dürft ihr diese nicht einfach mitnehmen! Nur der für das Gebiet zuständige Jäger oder die Jägerin ist dazu berechtigt.

WOFÜR *sind die blauen Lichter am Straßenrand*?

Auf Landstraßen leuchten beim Vorbeifahren manchmal kleine blaue Lichter auf. Sie spiegeln das Scheinwerferlicht der Autos und strahlen es in den Randbereich der Straße ab. Das soll Wildtiere wie Rehe und Wildschweine abschrecken und davon abhalten, auf die befahrene Straße zu laufen.

Im Spätherbst ist das Risiko für Wildunfälle recht hoch, weil die Felder abgeerntet sind und die Tiere häufiger auf Nahrungssuche gehen müssen. Außerdem sind die Tage kürzer und es wird früher dunkel. Die dämmerungsaktiven Tiere streifen dann genau zu der Zeit umher, wenn der Berufsverkehr am stärksten ist. Ob die blauen Reflektoren aber wirklich einen Einfluss auf die Wildtiere haben, ist umstritten.

Zahlen zu Wildunfällen

Bis **300.000 UNFÄLLE** mit Hirschen und Wildschweinen werden jährlich auf deutschen Straßen registriert,

200.000 allein mit Rehen.

Bei fast **3.000** davon werden Menschen verletzt.

Zu **85 PROZENT** sind Landstraßen betroffen.

ALLE 2 MINUTEN kommt es in Deutschland zu einem Unfall mit einem Wildtier.

Fast **200 MILLIONEN VÖGEL** und **30 MILLIONEN SÄUGETIERE** kommen schätzungsweise jährlich auf den Straßen Europas ums Leben. Studien belegen, dass der Straßenverkehr bereits vom Aussterben bedrohten Arten durchaus den Todesstoß versetzen kann.

8+

Wildunfälle verhindern

Zu den blauen „Wildwarnern“ gibt es verschiedene Studien, die sich gegenseitig deutlich widersprechen. Während die einen zu dem Schluss kommen, dass es auf Strecken mit Reflektoren circa 60 bis 80 Prozent weniger Wildunfälle gibt, stufen andere sie als komplett wirkungslos ein.

Um Wildunfälle wirklich zu verhindern, braucht es also andere Maßnahmen. Ein erster Schritt ist – neben weniger Auto fahren –, Unfallschwerpunkte zu ermitteln und zu entschärfen.

Andere, aber teurere Mittel, Unfälle mit Wildtieren zu reduzieren, sind die sehr wirkungsvollen Wildschutzzäune, Grünbrücken oder Wildtunnel sowie elektronische Wildwarnanlagen. Auch sogenannte Duftzäune, an Bäumen oder Pflöcken angebrachter Schaum mit einer Feindes-Geruchsmischung, zum Beispiel von Wolf, Luchs, Bär und Mensch, oder das Abspielen von Fahrgeräuschen und Scheinwerferlicht scheinen gute Ergebnisse zu erzielen.

WARUM *sammeln sich Vögel vor dem Flug?*

Jedes Jahr pendeln weltweit ungefähr 50 Milliarden Zugvögel aufgrund des Nahrungsangebots zwischen ihrem Sommer- und Winterquartier. Vor dem Flug in den Süden finden sich die meisten Zugvögel auf geschützten, nahrungsreichen Flächen zusammen. Dort warten sie auf das richtige Flugwetter und fressen sich noch mal satt.

Der Abflugstermin der Zugvögel ist von witterungsbedingten Aufwinden (Thermik) abhängig. Diese aufsteigenden Warmluftströme helfen ihnen, möglichst energiesparend zu fliegen. Die Wartezeit verbringen die Vögel damit, sich Fettreserven anzufressen. Einige Zugvogelarten, vor allem kleinere Vögel, bilden auch auf ihrer Reise große Schwärme. Denn das Fliegen in der Gruppe ist sicherer.

Vögel beobachten

WANN? Vögel könnt ihr je nach Art am besten am Morgen oder am späten Nachmittag beobachten; um die Mittagszeit sind die meisten Tiere weniger aktiv

WO? nahezu alle Naturräume wie Garten, Park, Feld, Wald oder Küste

WOMIT? Fernglas, Bestimmungsbuch oder App (zum Beispiel NABU-Vogelwelt, Vögel Europas bestimmen, Merlin Bird ID), Geduld und Proviant

IM ALLEINFLUG:

die Einzelzieher

Zwar reisen die meisten Zugvögel im Schwarm, es gibt aber auch Vögel, die allein fliegen, zum Beispiel der Gartenrotschwanz, der Kuckuck und die Nachtigall. Solche Einzelzieher fliegen überwiegend nachts im Schutz der Dunkelheit. Tagsüber ruhen sie sich aus oder gehen auf Nahrungssuche. Dabei halten sie sich immer möglichst versteckt, um ihre Fressfeinde nicht auf sich aufmerksam zu machen.

Wer fliegt denn da?

Aus der Ferne ist es manchmal gar nicht so leicht zu erkennen, welcher Vogel am Himmel unterwegs ist. Doch gerade unsere großen Zugvögel sind anhand ihres Flugbildes oft leicht zu bestimmen. Schaut doch mal!

WIE *schlafen Vögel im Flug*?

Ein Großteil des Vogelzugs findet nachts statt. Dann ist es kühler und das spart Kraft. Müssen Vögel aber nicht irgendwann schlafen? Tatsächlich können sie das auch im Fliegen! Meist schalten sie dabei aber nur eine Gehirnhälfte ab. Das heißt, ein Auge bleibt offen – und der Vogel so weit wachsam, dass er Hindernissen ausweichen kann.

Prachtfregattvogel

GRÖSSE bis 1,1 m, Spannweite bis 2,5 m
MERKMALE schwarzes Gefieder; langer, kräftiger Schnabel; schmale, spitze Flügel; langer, gegabelter Schwanz; unverwechselbar ist der rote Kehlsack beim Männchen; Weibchen sind heller und größer
VORKOMMEN Mittel- und Südamerika; Galapagos- und Kapverdische Inseln; selten in Europa
NAHRUNG Fische, Tintenfische, junge Schildkröten, Eier und Küken

Steckbrief

Allerdings können Vögel im Flug auch mit dem ganzen Gehirn schlafen, ohne dabei vom Himmel zu fallen. Das haben Forscher und Forscherinnen herausgefunden, die Gehirnströme von Fregattvögeln auf den Galapagosinseln mithilfe eines kleinen Gerätes überwacht haben: Wenn beide Gehirnhälften „abgeschaltet" waren, dauerte die einzelne Schlafphase jedoch immer nur wenige Minuten. Außerdem schliefen die Vögel nur nachts – am Tag blieben sie ganz wach.

Häufiger wurde jedoch beobachtet, dass die Fregattvögel nur eine Gehirnhälfte ruhen ließen – vor allem dann, wenn sie die Thermik nutzten, um sich in die Höhe zu schrauben. Das Auge in Flugrichtung blieb geöffnet, während die zum anderen Auge gehörende Gehirnhälfte schlief. Insgesamt schliefen die Vögel in der Luft durchschnittlich nur 42 Minuten in 24 Stunden. Das ist deutlich kürzer als an Land. Dort liegt ihre tägliche Schlafzeit bei über zwölf Stunden und sie schlafen länger am Stück und tiefer. Wie die Vögel den daraus entstehenden Schlafmangel ausgleichen, ist bisher noch ungeklärt.

Auch der im Sommer bei uns heimische Mauersegler schläft im Flug. Sonst wäre seine gewaltige Flugroute nicht zu schaffen. Oft fliegt er ohne Halt von Europa nach Afrika.

Blick hinter die Kulissen

TIERISCHE VORRATSKAMMERN

Bei vielen Tierarten herrscht im Herbst Hochbetrieb. Eichhörnchen, Eichelhäher, Hamster und Co. sind nun auch tagsüber ständig unterwegs, um sich Futtervorräte für den nahrungsarmen Winter anzulegen. Ein Blick in ihre Vorratskammern zeigt, dass die Tiere manchmal ziemlich radikale Strategien verfolgen, damit ihnen ihr Essen nicht verdirbt.

Eichhörnchen

VORRATSLAGER im Boden, in Baumstümpfen oder Wurzeln, aber auch im Baum

WINTERFUTTER Eicheln, Bucheckern, Nüsse, Pilze

FRISCHHALTEVERFAHREN
Verstecken und Trocknung: Eichhörnchen vergraben oder verstecken Samen und Nüsse an unterschiedlichen Stellen, wo sie das Futter im besten Fall dann im Winter wiederfinden (siehe Seite 152). Sie trocknen aber auch Pilze, indem sie sie in den Baum hängen.

Eichelhäher

VORRATSLAGER am Boden, oft unter Laub; vor allem in Wäldern, aber auch in Gärten und Parks

WINTERFUTTER hauptsächlich Eicheln, aber auch andere Baumsamen, zum Beispiel Bucheckern

FRISCHHALTEVERFAHREN
Verstecken: Wie auch das Eichhörnchen sammelt der Eichelhäher seinen Wintervorrat an gut zugänglichen, aber nicht zu feuchten Stellen, zum Beispiel an Waldrändern oder auf Lichtungen. Der Rabenvogel hat aber ein deutlich besseres Ortsgedächtnis als der Nager und findet einen Großteil seiner Verstecke wieder. Im Oktober verbringt er fast elf Stunden am Tag mit dem Sammeln und Verstecken von Eicheln.

Schon gewusst?!

Eichelhäher und Eichhörnchen finden im Winter längst nicht alle ihre vergrabenen Vorräte wieder und verstecken deshalb häufig mehr, als sie brauchen. Aus den vergessenen Samen können im Frühjahr neue Bäume wachsen – eine perfekte Resteverwertung!

Feldhamster

VORRATSLAGER
Speisekammer seines Erdbaus

WINTERFUTTER Getreidekörner und Samen, Wurzeln, Knollen, Schnecken und Regenwürmer

FRISCHHALTEVERFAHREN
Einlagerung: Anders als andere Winterschläfer erwacht der Hamster ab und zu, um zu fressen. Deshalb legt er in seinem Bau mitunter beeindruckende Nahrungsdepots an. Bis zu fünf Kilogramm hamstert der kleine Nager in seinem Bau, er braucht in der Regel über den Winter aber nur etwa zwei Kilo. Spannend: Weibliche Tiere legen meist mehr Vorräte an, während männliche Tiere sich im Vorfeld mehr Fettreserven anfressen.

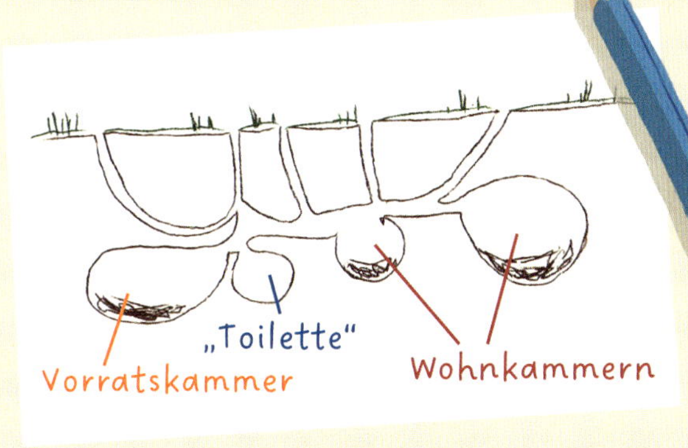

Maulwürfe

VORRATSLAGER
unterirdischer Bau

WINTERFUTTER
lebende Regenwürmer

FRISCHHALTEVERFAHREN
Verstümmelung: Der Maulwurf beißt den Regenwürmern so in die Kopfsegmente, dass sie daran zwar nicht sterben, durch die schwere Verletzung aber gelähmt sind und nicht mehr fliehen können.

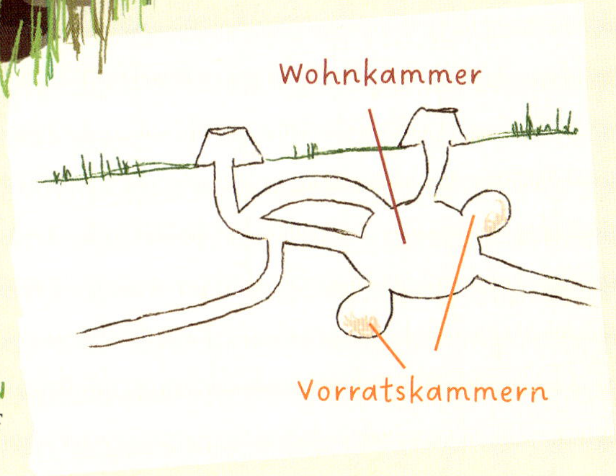

8+

Verrückte Insektenfresser

Der Speichel der **AMERIKANISCHEN KURZSCHWANZSPITZMAUS** ist giftig. Durch einen Biss lähmt sie Insektenlarven, tötet sie aber nicht und lagert ihre Beute in diesem Zustand für den Winter ein. Wachen die Larven vor der geplanten Mahlzeit auf, beißt die Spitzmaus einfach noch mal zu.

Unklar ist, ob die bei uns lebende und ebenfalls giftige **WALDSPITZMAUS** eine ähnliche Vorratshaltung betreibt. Fest steht aber, dass sie eine andere, sehr skurrile Methode hat, um über den Winter zu kommen: Sie schrumpft. Dabei verringert sich ihr Körpergewicht um bis zu 20 Prozent, wobei nicht nur Knochen, sondern auch Organe und sogar das Gehirn kleiner werden. Im Sommer wächst sie wieder.

Auch beim **MAULWURF** schrumpft das Gehirn im Winter um bis zu zehn Prozent.

WAS *macht eine Försterin oder ein Förster*?

Ein Förster oder eine Försterin muss alles im Blick haben, was mit dem Wald zu tun hat, zum Beispiel entscheiden, welche Bäume gefällt und wo neue gepflanzt werden sollen. Er oder sie ist oft im Wald unterwegs und kennt (fast) jeden Baum persönlich. Förster und Försterinnen sitzen aber auch viel im Büro. Denn die Verwaltung des Waldgebiets und oft auch die Ernte und der Verkauf des Holzes gehören ebenfalls zu ihren Aufgaben.

Der Förster oder die Försterin muss auch das Verhältnis von Wald und Wild im Blick behalten und wenn nötig eingreifen. Denn knabbern zu viele Rehe an kleinen Trieben, ist das schlecht für das Wachstum der jungen Bäume. Er oder sie muss daher ein umfangreiches jagdliches Wissen haben. Müssen kranke oder überzählige Tiere bejagt werden, werden Förster und Försterinnen häufig von Jägerinnen und Jägern sowie einem Jagdhund unterstützt, der zum Beispiel verletzte Tiere aufspürt.

Als Revierleiter oder Revierleiterin betreut er oder sie ein Forstrevier und sorgt für dessen Pflege und Bewirtschaftung. Dafür arbeitet die Person eng mit dem Waldbesitzer oder der Waldbesitzerin zusammen, aber auch mit Behörden wie dem Forstamt und natürlich den Waldarbeitern und Waldarbeiterinnen (Forstwirten oder -wirtinnen).

Schon gewusst?!

Nicht alle Försterinnen und Förster jagen auch. Zwar ist ein Jagdschein für den Beruf von Vorteil, ihr könnt ihn aber auch ergreifen, wenn ihr nicht auf Tiere schießen möchtet.

Forst-Graffitis

Baummarkierungen mit Sprühfarbe sind kein Geheimcode, sondern haben überall ähnliche Bedeutungen – bei der Ausführung gibt es aber regionale Unterschiede. Der Förster oder die Försterin markiert zum Beispiel Bäume, die gefällt werden sollen, weil sie ihren Nachbarn Licht oder Platz wegnehmen (Bedränger).

Zum Schutz der Tiere werden auch Brutbäume von Vögeln oder Fledermäusen gekennzeichnet (Habitatsbäume) – genauso wie starke, gesunde Zukunftsbäume, die weiterwachsen sollen. Es gibt aber auch so etwas wie Verkehrsschilder im Wald, zum Beispiel eine Markierung, wo mit Forstmaschinen gefahren werden darf (Rückegasse) oder wo sich eine Besitzgrenze befindet.

WER *zieht die Baumgrenze*?

Oberhalb der Baumgrenze wächst in einem Gebirge kein Baum mehr. Obwohl es von Weitem fast so aussieht, als hätte jemand eine Linie rund um den Berg gezogen, entsteht sie in der Regel auf natürliche Weise. Ab einer gewissen Höhe kann aufgrund der dort herrschenden Wetterbedingungen einfach kein Baum überleben – vor allem, weil es dort oben zu kalt ist.

Mit der Erderwärmung verschieben sich Baum- und Waldgrenze übrigens nach oben.

Betrachten wir einen Berg genauer an, erkennen wir, dass die Baumgrenze keineswegs eine klare Linie ist. Vielmehr werden es von unten nach oben einfach immer weniger und immer kleinere, unförmigere Bäume.

Aus dichten Wäldern werden nach und nach lichtere Wälder, bis bald nur noch vereinzelte Bäume zu finden sind. Dieser Übergang vom Wald zu einzelnen Pflanzen wird Waldgrenze genannt. Dahinter überleben nur noch wenige Baumarten und kurz vor der Baumgrenze sind nur noch einzelne Sträucher zu finden.

Der Höhe der Baumgrenze wird von der Umgebungstemperatur bestimmt. Sind an einem Ort mindestens 90 Tage im Jahr durchschnittlich sechs Grad Celsius oder weniger, kann dort kein Baum mehr wachsen. Außerdem hat jede Baumart ihre eigene Temperaturgrenze: Fichten kommen besser mit Kälte zurecht als Buchen.

Höhenstufen in den Alpen

Welche Pflanzen wachsen auf welcher Höhe am Berg?

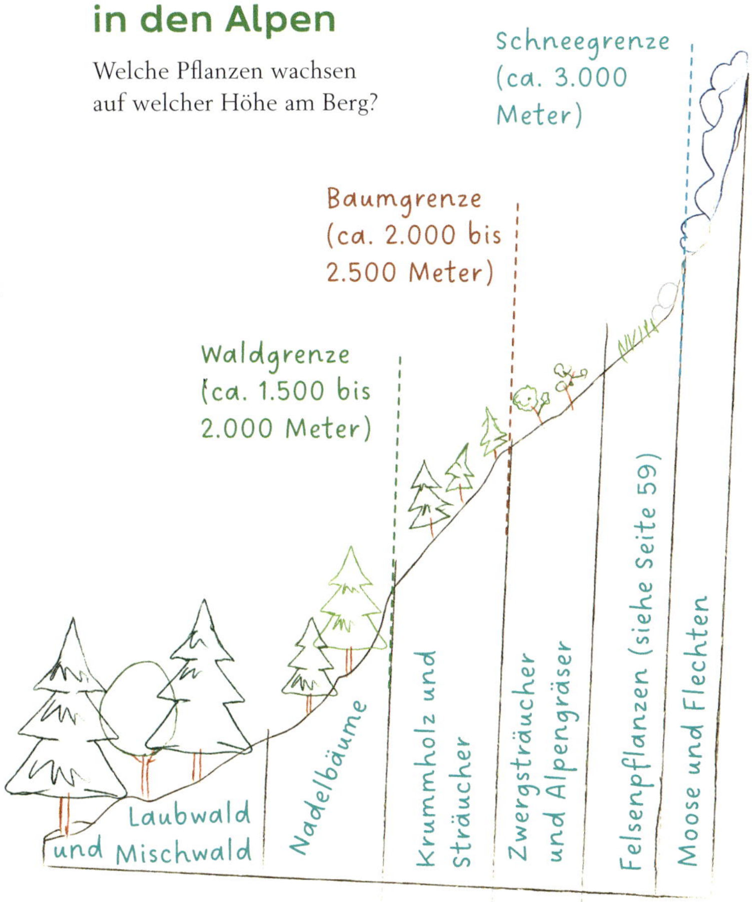

WIE *werde ich bei Dunkelheit gesehen?*

Im Herbst werden die Tage wieder kürzer, was dazu führt, dass wir oft in der Dämmerung unterwegs sind, zum Beispiel morgens auf dem Schulweg. Bewegt ihr euch morgens, abends oder nachts zu Fuß oder mit dem Fahrrad im Straßenverkehr, gilt daher das Motto: Sehen und gesehen werden! Gute Sichtbarkeit erreicht ihr am besten über helle Kleidung, Warnwesten, Beleuchtung und zusätzliche lichtspiegelnde Flächen.

Gut sichtbare Kleidung mit Reflektoren kann Unfälle zwischen Autos und Fußgängern oder Radfahrenden verhindern. Denn noch etwas kommt im Herbst und Winter dazu: Durch nasse Straßen verlängert sich der Bremsweg des Fahrzeugs, also die Strecke, die das Auto nach dem Bremsen benötigt, um zum Stehen zu kommen. Deshalb ist es besonders wichtig, dass Autofahrer oder Autofahrerinnen euch schon von Weitem sehen.

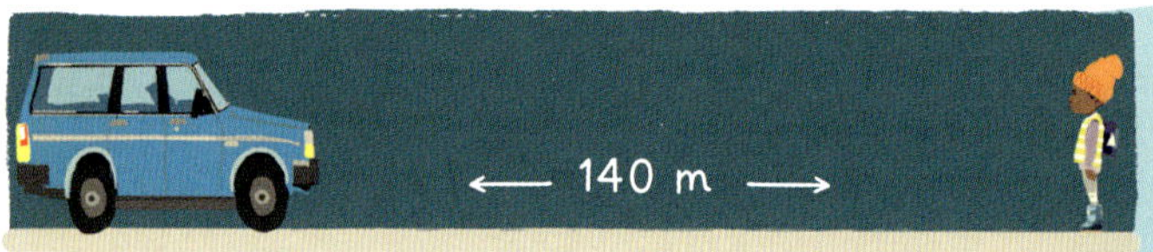

Hell gekleidete, mit Reflektoren / Warnweste ausgestattete Person

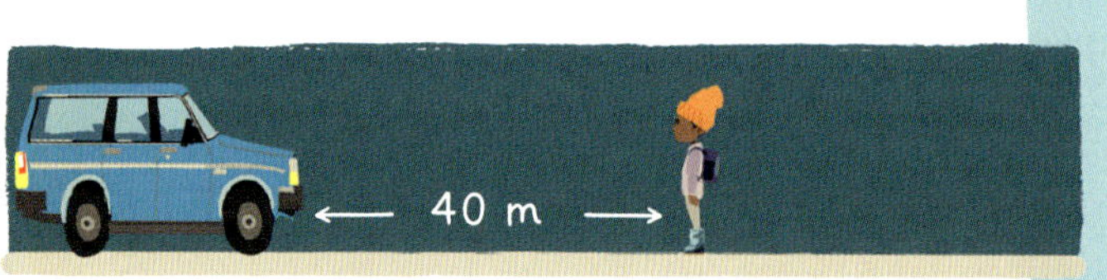

Hell gekleidete Person

Dunkel gekleidete Person

Einfacher Bremsweg eines Autos bei 50 km/h und trockener Straße (25 m)

Gute Sichtbarkeit im Dunkeln

- helle Kleidung tragen (weiß, gelb, orange)
- Kleidung mit Reflektorstreifen und/oder Warnweste tragen
- zusätzliche Reflektoren befestigen, zum Beispiel Reflektorbänder um Arme und Beine
- reflektierende Aufkleber, Anhänger oder Kletts an Rucksack, Schulranzen oder Tasche anbringen; es gibt auch Taschen, Rucksäcke und Jacken, die außen komplett aus reflektierendem Material bestehen
- mit dem Fahrrad unterwegs: bei schlechter Sicht immer mit Licht fahren (auch bei Regen oder Nebel); Fahrradhelm mit reflektierenden Flächen und zusätzlicher Beleuchtung tragen; Fahrrad verkehrssicher mit den vorgeschriebenen Reflektoren ausstatten (siehe Seite 49)
- möglichst beleuchtete Wege benutzen
- Straßen an vorhandenen Überwegen oder Ampeln überqueren
- auf dunklen Wegen: Taschenlampe an!

Wie gut bin ich zu sehen?

Um auszuprobieren, wie gut ihr mit eurer Kleidung im Dunkeln zu sehen seid, braucht ihr nur einen abgedunkelten Raum und eine Taschenlampe. Nun könnt ihr euch gegenseitig aus unterschiedlichen Richtungen anleuchten: Wie gut seid ihr schon zu sehen und wie könntet ihr eure Sichtbarkeit noch verbessern? Macht doch eine kleine Dämmerungs-Modenschau und probiert verschiedene Kleidungsstücke aus!

WARUM *leuchten Katzenaugen im Dunkeln*?

Etwas unheimlich sieht es schon aus, wenn in der Dunkelheit plötzlich zwei neongelbe Katzenaugen aufleuchten. Dafür sorgt eine spezielle Schicht im Auge der Katze, der „Leuchtteppich". Wie ein Spiegel wirft dieser die Lichtstrahlen, die aufs Auge treffen, zurück. Katzenaugen leuchten also nicht von selbst, sondern reflektieren das Licht. Genauso funktionieren auch die Reflektoren am Fahrrad, die deshalb Katzenaugen genannt werden.

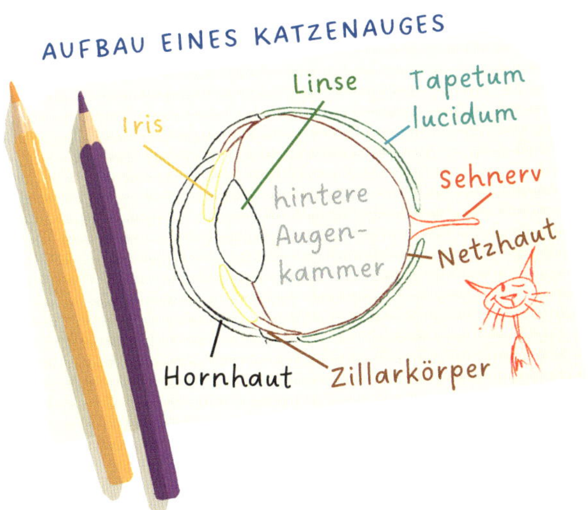

Bei uns kommt das Licht also nur einmal durch die lichtempfindliche Zone, bei der Katze zweimal. Das führt dazu, dass die Katze nachts mehr aus dem wenigen verfügbaren Licht machen kann als wir. Ein Katzenauge ist sechsmal lichtempfindlicher als ein Menschenauge. Der „Tapetum lucidum" (Leuchtteppich) wirkt wie ein Lichtverstärker, wodurch Katzen im Dunkeln viel besser sehen als wir.

Bei völliger Dunkelheit kann eine Katze aber auch nichts sehen. Deshalb sind auch ihre anderen Sinne, wie Tastsinn, Geruchssinn und Gehör, deutlich besser als bei uns Menschen. Für Katzen und andere nachtaktive Raubtiere ist das wichtig, um nachts jagen zu können.

Bei den meisten Hauskatzen mit ihren grünlichen Augen leuchten die Augen nachts übrigens gelbgrün, bei blauäugigen Katzen rot.

WAS *passiert im Herbst auf dem Land?*

Auch wenn die Getreidefelder im Herbst schon abgeerntet daliegen, kann der Landwirt oder die Landwirtin sich nun nicht entspannt zurücklehnen. Je nachdem, was angebaut wird, geht die Erntezeit erst richtig los: Gemüsesorten wie Mais, Kartoffeln, Kürbis, Rüben und Grünkohl haben jetzt Saison. Außerdem werden die Felder für den Winter vorbereitet und häufig schon das Getreide fürs kommende Jahr ausgesät.

Einmachen und Vermarktung

Das im Sommer geerntete Gemüse und Obst wird weiterverarbeitet und gegebenenfalls verkauft oder für den Winter eingelagert. Diejenigen, die ihre Produkte selbst vermarkten, verbringen nun viel Zeit mit dem Haltbarmachen von Lebensmitteln, zum Beispiel durch Einkochen (wie Marmelade) oder Sauer-Einlegen (wie saure Gurken). Im Hofladen herrscht jetzt Hochbetrieb, denn die Auswahl ist im Sommer und Herbst besonders groß.

Obst- und Gemüseernte

Obst- und Weinbauern (Winzer beziehungsweise Winzerinnen) haben alle Hände voll zu tun – mit der Ernte und der Weiterverarbeitung ihrer Produkte, zum Beispiel zu Obstmus, Saft oder Wein. Auch auf den Gemüsefeldern ist was los: Kartoffeln werden mit dem großen Kartoffelvollernter (Roder) aus der Erde geholt und über ein Förderband auf einen Anhänger geladen. Zuckerrüben werden ebenfalls mit einem riesigen Roder geerntet. Auch für Kohl gibt es spezielle Erntemaschinen.

Aussaat

Wie im Frühjahr ist auf den Feldern nun Umgraben und Säen angesagt. Denn Wintergetreide wird zwischen September und November ausgebracht. Manchmal wurden im Spätsommer als Gründünger und zum Unkraut-Unterdrücken auch Zwischenfrüchte wie Senf gesät, die nun auf den Feldern zu sehen sind. Sie frieren in der kalten Jahreszeit ab, werden im Frühjahr untergepflügt und versorgen den Boden mit den über den Winter gespeicherten Nährstoffen.

Winterfutter

Der Landwirt oder die Landwirtin sorgt dafür, dass die Speicher fürs Tierfutter (Silos) für den Winter gut aufgefüllt sind. Wenn das eigene Stroh, Heu und Korn nicht für den Winter reichen, muss Futter zugekauft werden.

Mitte September bis Anfang Oktober wird der Mais mit dem Mähdrescher oder dem Maishäcksler geerntet. Der Mähdrescher trennt die Körner von der Pflanze, während der Häcksler die ganze Pflanze in kleine Stücke schnippelt. Bei uns wird Mais hauptsächlich als Winterfutter für Kühe angebaut oder in Biogasanlagen zur Stromerzeugung genutzt.

Sommer- und Wintergetreide

8+

Mit dieser Bezeichnung ist nicht der Zeitpunkt der Ernte, sondern der Termin der Aussaat gemeint: WINTERGETREIDE wie Roggen, Wintergerste und Winterweizen wird im Herbst oder Winter ausgesät und benötigt Kältereize, um ab dem Frühjahr richtig wachsen zu können.

SOMMERGETREIDE wie Hafer kommt ohne Kälte aus und beginnt bald nach der Aussaat im Frühling zu sprießen.

Obwohl Sommergetreide schneller wächst, sind die Erträge beim Wintergetreide meist besser. Außerdem kommt Wintergetreide besser mit Regen, Kälte und Wind zurecht, weshalb es bei uns in Deutschland deutlich mehr angebaut wird.

WARUM *feiern wir Halloween*?

Das Halloween-Fest wird auch bei uns immer beliebter. Seinen Ursprung hat es in katholisch geprägten Gebieten auf den Britischen Inseln, vor allem in Irland. Über die USA kamen die Gruselbräuche dann nach Deutschland. Gefeiert wird Halloween am Abend des 30. Oktober, des Tags vor dem christlichen Festtag Allerheiligen.

Davon leitet sich auch der Name „Halloween“ ab. Dabei handelt es sich nämlich um eine Zusammenziehung der englischen Wörter „All Hallows' Eve“ (Aller Heiligen Abend). Wie die britischen Katholikinnen und Katholiken genau auf die Idee kamen, den Tag vor Allerheiligen – dem Tag des Gedenkens an alle verstorbenen Gläubigen – auf diese Weise zu feiern, ist unter Forscherinnen und Forschern bis heute umstritten.

Verbreitet, aber geschichtlich nicht belegt ist die Annahme, dass Halloween auf das keltische Fest „Samhain“ zurückgeht. Bei diesem heidnischen Totenfest sollen sich die Menschen gruselig verkleidet haben, um böse Geister und Gespenster zu vertreiben. Aber auch römische und christliche Bräuche scheinen in der Geschichte Halloweens eine Rolle zu spielen. Das Fest als gruselig-lustiges Kinderfest und Partyevent, wie wir es feiern, ist aber hauptsächlich ein Produkt der USA.

Halloween, Halloween,
wir werden durch die Straßen ziehe
Süßes her, dann hast du Glück –
und wir kommen nicht zurück!

Schon gewusst?!

Bräuche wie das Aufstellen einer Kürbis- oder Rübenlaterne („Jack O'Lantern") und die gruseligen Kostüme wurden von irischen Auswanderern in die USA gebracht. Dort entstanden ist der Brauch, verkleidet von Tür zu Tür zu ziehen und Süßigkeiten zu fordern. Im Englischen heißt das „Trick or treat!“ (Streich oder Süßigkeiten!), im Deutschen sagen wir „Süßes oder Saures!".

Witziger Halloween-Brauch

Es gibt nicht nur gruselige Bräuche zu Halloween. Bei einer alten keltischen Tradition geht es vielmehr um die große Liebe:

Apple bobbing

(deutsch: Apfeltauchen)

WO? England, Schottland, Irland, Wales; bei uns auch als Spiel für Kindergeburtstage bekannt

WIE? Mehrere Äpfel werden in eine Wanne mit Wasser gelegt. Weil sie eine geringere Dichte als Wasser haben, schwimmen sie an der Oberfläche. Die Mitspielenden müssen nun versuchen, sich einen Apfel mit dem Mund zu angeln. Die Hände dürfen nicht benutzt werden. Seit der Covid-19-Pandemie gibt es auch die hygienischere Variante, dass jede Person einen eigenen Behälter erhält. In Irland ist die Variante „Snap apples" verbreiteter, bei der der Apfel an einer Schnur aufgehängt wird und der Person zusätzlich die Augen verbunden werden.

WARUM? Bei den Kelten und Keltinnen galt der Apfel als Zeichen für Fruchtbarkeit und Fülle. Über das Apfeltauchen wurde vermutlich eine Vorhersage über das Gelingen einer Liebesbeziehung oder Heirat getroffen. Dazu musste eine junge unverheiratete Frau versuchen, in einen schwimmenden oder an einer Schnur aufgehängten Apfel zu beißen. Dieser stand als Stellvertreter für ihren Wunsch-Ehemann: Gelang es ihr beim ersten Versuch, sich ihren „Partner" zu angeln, konnte sie ihn guten Gewissens heiraten. Brauchte sie zwei Versuche, würde die Beziehung unglücklich werden. Brauchte sie aber drei oder mehr Versuche, sollte die Ehe nicht sein. Später wurde der Brauch vereinfacht und oft als regelrechter Wettkampf ausgetragen: Wer sich zuerst einen Apfel angelt, findet als Nächster oder Nächste seine große Liebe – so der Aberglaube.

Pitschpatsch

DIE LUSTIGSTEN PFÜTZENSPIELE

Tagelanger Regen kann ganz schön an den Nerven der ganzen Familie zehren. Wie gut, dass er aber auch etwas Gutes mit sich bringt: Pfützen. Denn diese können wir wunderbar zum Spielen nutzen … Aber Achtung: Gummistiefel und Regenhose anziehen – hier bleibt niemand trocken!

Eins, zwei, drei … versenkt!

ANZAHL DER KINDER mindestens 2

IHR BRAUCHT eine Pfütze, einen Schraubdeckel, viele kleine Steinchen (gerade Anzahl)

VORBEREITUNG Zunächst sammelt ihr verschieden große Steinchen und verteilt sie auf alle Mitspielenden – und zwar so, dass jeder von jeder Größe etwa gleich viele hat. Dann wird der Schraubdeckel in die Mitte einer Pfütze gelegt.
Achtung: Die Pfütze muss so tief sein, dass der Deckel oben schwimmt, sollte aber nur so groß sein, dass auch der oder die Kleinste ihn bequem mit dem Arm erreichen kann, ohne sich nass zu machen.

SO GEHT'S Die Kinder legen abwechselnd je einen Stein in den Deckel. Das Ziel des Spieles ist, nicht (!) diejenige Person zu sein, bei der der Deckel untergeht. Ihr müsst taktisch denken: Kann ich noch einen größeren Stein legen oder sollte ich einen möglichst kleinen nehmen?

VARIANTE Ihr könnt die Steine auch erst während des Spiels suchen. Dann dreht sich der Wettkampf vor allem darum, wer die kleinsten Steine findet.

Regatta

ANZAHL DER KINDER mindestens 2

IHR BRAUCHT für jede Person eine Pfütze; einen Farbwürfel und passend dazu farbiges Papier oder Tonkarton

VORBEREITUNG Zunächst muss gebastelt werden! Jedes Kind sucht sich eine Farbe aus und bastelt daraus sechs Papierschiffchen. Dann geht's nach draußen, wo ihr euch jeder eine Pfütze aussucht.

SO GEHT'S Es wird reihum gewürfelt. Würfelt ihr eure eigene Farbe, dürft ihr eines eurer Schiffe auf euren „See" setzen. Wer als Erstes alle Schiffe zu Wasser gelassen hat, hat gewonnen.

VARIANTE Auf einer großen Pfütze könnt ihr mit euren Schiffen natürlich auch Rennen veranstalten. Dazu setzen alle Kinder je ein Schiff mit ausreichend Abstand an eine gedachte Startlinie. Auf „Los!"pustet ihr, was das Zeug hält: Wessen Schiff erreicht als Erstes die andere Seite?

TIPP Ihr könnt eure Schiffe auch etwas tunen, zum Beispiel mit einem Segel aus Stöckchen und Blättern – vielleicht segelt es dann ja noch schneller …

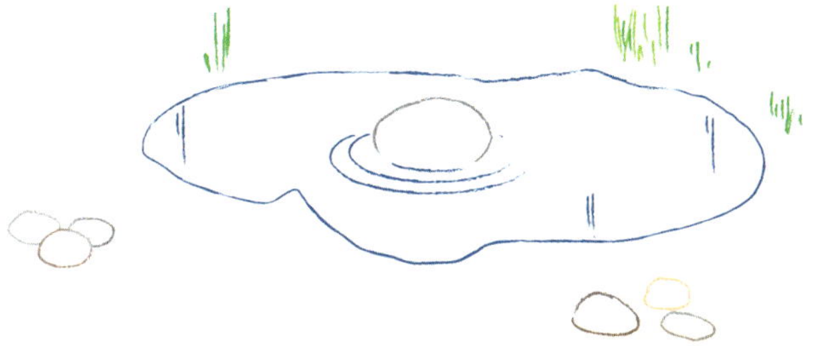

Wasserboccia

ANZAHL DER KINDER mindestens 2

IHR BRAUCHT eine Pfütze, einen großen, flachen Stein, drei kleine Steine pro Person

VORBEREITUNG Der große Stein wird in die Pfützenmitte gelegt. Bei der Auswahl des Steines solltet ihr darauf achten, dass er etwas aus dem Wasser ragt und oben abgeflacht ist, damit die kleinen Steine auf ihm liegen bleiben.

SO GEHT'S Alle werfen nacheinander vom Pfützenrand oder – wenn ihr es etwas schwieriger gestalten wollt – von einer festgelegten Linie vor der Pfütze kleine Steine in Richtung des großen Steins. Das Ziel ist, sie möglichst nah am großen Stein zu platzieren oder den Stein sogar direkt zu treffen, sodass der kleine Stein auf ihm liegen bleibt. Wer dem großen Stein am nächsten kommt, hat gewonnen. Haben mehrere Personen auf den großen Stein geworfen, gibt es ein Stechen.
Achtung: Ihr müsst euch natürlich merken, welches eure Steinchen sind. Am besten achtet ihr beim Sammeln darauf, nur helle oder dunkle Steine zu benutzen – oder ihr malt sie vorher mit wasserfester Farbe an.

VARIANTE Alle werfen gleichzeitig und das Kind, das als Erstes einen Treffer direkt auf dem großen Stein landen kann, hat die Runde sofort gewonnen.

Fantasiereise

ANZAHL DER KINDER mindestens 1 plus 1 Erwachsener

IHR BRAUCHT eine schöne Strecke für einen Spaziergang mit vielen Pfützen

SO GEHT'S Der Erwachsene denkt sich eine Geschichte aus und erzählt sie auf dem Spaziergang. Nun sollte das Kind besonders gut aufpassen! Denn immer wenn ein Regenwort gesagt wird (zum Beispiel „Regen", „Wasser", „nass" ...), springt es so schnell wie möglich in die nächste Pfütze.

VARIANTEN Mit mehreren Kindern könnt ihr einen kleinen Wettkampf veranstalten: Wer findet am schnellsten eine Pfütze? An einem festen Standort könnt ihr auch eine abgewandelte „Reise nach Jerusalem" spielen. Dazu müsst ihr nur darauf achten, dass immer eine Pfütze zu wenig vorhanden ist. Das Kind, das pfützenlos bleibt, scheidet aus. Da es ja immer weniger Kinder werden, die Anzahl der Pfützen aber gleich bleibt, können die ausgeschiedenen Kinder die Pfützen „besetzen", sodass sie den noch aktiven Spielern und Spielerinnen nicht mehr zur Verfügung stehen.

WIE *entstehen Wellen* ?

Die meisten Wellen, die an unsere Küsten rollen, entstehen schon weit draußen auf dem Meer. Sie werden vom Wind und von Meeresströmungen geformt. Weil die Luft nicht gleichmäßig, sondern an einer Stelle mehr, an der anderen weniger stark auf die Wasseroberfläche drückt, bilden sich Täler und Berge – das Wasser wellt sich. Angeschoben vom Wind oder von der Strömung, erreichen die Wellen das Land, wo sie je nach ihrer Höhe und der Beschaffenheit der Küste sanft auslaufen oder spektakulär brechen.

Bei einer Welle handelt es sich um eine Energieübertragung, die sich über die Oberfläche des Wassers ausbreitet. Wenn eine Welle an der Küste oder auf einer Sandbank im Meer auf flacheres Wasser trifft, wird sie an der Unterseite durch die Reibung am Meeresboden gebremst, während die Oberseite der Welle sich weiterbewegt. Dies führt dazu, dass sie sich aufrichtet, einen Kamm bildet und schließlich bricht. Etwas Ähnliches passiert, wenn ihr mit dem Fahrrad zu stark mit der Vorderbremse bremst: Während das Fahrrad zum Stehen kommt, fliegt ihr im schlimmsten Fall im großen Bogen über den Lenker.

Schon gewusst?!

Besonders riesige, an der Wasseroberfläche entstehende Wellen können bis zu 30 Meter hoch werden und werden auch **MONSTERWELLEN** oder in der Seemannssprache **KAVENTSMÄNNER** genannt. Wellen, die durch Seebeben, Vulkanausbrüche oder Erdrutsche entstehen, heißen **TSUNAMIS**. Diese sind auf offener See oft kaum zu spüren, können an Land aber erheblichen Schaden anrichten und sich mehrere Hundert Meter hoch auftürmen.

WARUM *können wir auf einer Welle reiten*?

Wer mit einem Surfbrett auf einer Welle reiten möchte, braucht neben Übung vor allem Auftrieb. Damit das Surfbrett sich – mit der surfenden Person drauf – über Wasser hält, muss der Auftrieb größer sein als die Kraft des eigenen Gewichtes, also des Surfers oder der Surferin plus Brett.

8+

Dafür, dass ein Surfer oder eine Surferin eine Welle abreiten kann, sorgen verschiedene physikalische Kräfte, die zusammen- oder sich entgegenwirken. Dann kommt noch Übung dazu: Um nicht vom Brett zu fallen, muss der oder die Surfende das Brett durch Verlagern seines Körpergewichtes im Wasser stabilisieren. Das könnt ihr euch so vorstellen, also ob ihr mittig auf einer Wippe steht – ein Fuß vorne, einer hinten: Verlagert ihr euer Gewicht abwechselnd auf den hinteren und vorderen Fuß könnt ihr die Wippe – mit etwas Gefühl – stabil in der Mitte halten. Lehnt ihr euren Oberkörper zu sehr nach hinten oder vorne, belastet also einen Fuß deutlich mehr als den anderen, kippt die Wippe zu einer Seite und ihr fallt runter. Genauso ergeht es auch dem Surfer oder der Surferin auf der Welle.

Physik des Wellenreitens

Ein Wellenreitbrett ist extra so gebaut, dass es viel Auftrieb hat. Dazu kommt die Schubkraft der Welle, die es in Bewegung setzt, sowie die Hangabtriebskraft durch ihre Schräge. Große Bretter, die von Anfängern und Anfängerinnen oder bei kleinen Wellen benutzt werden, haben so viel Volumen, dass sie – von der Welle angeschoben – von alleine schwimmen. Bedingt durch die Bauart des Surfbretts sorgt sein Wasserwiderstand dafür, dass es vom umströmenden Wasser nach oben gedrückt wird (statischer Auftrieb). Bei kleinen, leichten Brettern, die die Profis nutzen, reicht das nicht: Hier sorgen die Geschwindigkeit des Brettes und sein Anstellwinkel (gesteuert durch die Gewichtsverlagerung) dafür, dass es sich auf der Welle hält (dynamischer Auftrieb).

VERSUCH

Dynamischer Auftrieb?

Was eine Veränderung des Anstellwinkels bewirkt, könnt ihr erfahren, indem ihr bei einer Autofahrt die flache Hand aus dem Fenster haltet. Die Hand mit der Handfläche nach unten gerade zu halten, ist anstrengend, weil die eigene Gewichtskraft sie runterzieht. Wenn ihr die Handfläche aber leicht in Fahrtrichtung dreht, also dem Fahrtwind entgegen, wird eure Hand nach oben gezogen – wie das Surfbrett auf der Welle. Wie beim Surfen ist auch das Tempo entscheidend: Je schneller das Auto fährt, desto besser „fliegt“ eure Hand.

WAS *ist eine Windhose*?

In einer Windhose wirbelt die Luft über das Land – vergleichbar mit einer Person, die sich beim Eiskunstlauf schnell um sich selbst dreht. Nur, dass der Wirbelsturm schlimme Schäden anrichten kann. Eine Windhose hat zwei Merkmale: Die verwirbelte Luft sieht aus wie eine Säule und sie berührt den Boden. Wenn so ein Wirbelsturm über das Meer oder große Seen hinwegfegt, wird er im Deutschen auch Wasserhose genannt.

In der Fachsprache heißen Windhosen Tornados. Sie können entstehen, wenn sehr feuchte Luft nach oben steigt und sich dort die Windrichtung plötzlich ändert und gleichzeitig die Windgeschwindigkeit zunimmt (Windscherung). Durch die starken Veränderungen fängt die Luft an zu rotieren und es bildet sich ein Wirbel. Obwohl wir Tornados hauptsächlich mit den USA in Verbindung bringen, werden auch in Deutschland 20 bis 60 Windhosen pro Jahr beobachtet. Sie können überall auftreten, wo es Gewitter (siehe Seite 91) gibt.

Fakten zu Tornados

- Meteorologen und Meteorologinnen können den genauen Ort eines Wirbelsturms erst eine Stunde vor seinem Eintreffen vorhersagen.
- Eine Windhose kann mehrere Hundert Stundenkilometer schnell werden und einen Durchmesser von nur wenigen oder ein paar Hundert Metern haben.
- Tornados sind so zerstörerisch, weil sich alle Kraft des Windes auf eine Stelle konzentriert.

Stürme

Orkan

ART starker Sturm ohne Wirbel
VORKOMMEN Nordatlantik, Nord- und Ostsee
SAISON vor allem im Herbst und Winter
MERKMALE Windgeschwindigkeiten über 118 km/h (Windstärke 12), die schwere Verwüstungen verursachen

Hurrikan

ART tropischer Wirbelsturm
VORKOMMEN Atlantik und Nordost-Pazifik
SAISON Mai bis Dezember
MERKMALE mindestens Orkanstärke (Windstärke 12); pro Saison wüten bis zu 30 Hurrikans

Taifun

ART tropischer Wirbelsturm
VORKOMMEN Nordpazifik
SAISON ganzjährig
MERKMALE groß, stark und zerstörerisch; stellt gerade auf See mit bis zu 10 Meter hohen Wellen eine Gefahr dar

Zyklon

ART tropischer Wirbelsturm
VORKOMMEN Indischer Ozean und Südwest-Pazifik (Südsee)
SAISON November bis April
MERKMALE Windgeschwindigkeiten mit schlimmstenfalls über 300 km/h; rotiert im Gegensatz zu den anderen tropischen Wirbelstürmen im Uhrzeigersinn; die zerstörerischsten Zyklone forderten mehr als 100.000 Todesopfer

Steckbriefe

WARUM *haben* Stürme Namen?

Wenn mehrere Stürme gleichzeitig toben, können Meteorologinnen und Meteorologen leicht durcheinanderkommen. Daher hat der Wetterdienst der USA im Zweiten Weltkrieg angefangen, den Taifunen weibliche Vornamen zu geben. Bald darauf bekamen auch die Hurrikans Namen. Seitdem können Wetter- und Klimaforschende die einzelnen Stürme viel schneller zuordnen. Im Gespräch weiß jeder gleich, welcher Sturm gerade gemeint ist.

In Deutschland hat das Institut für Meteorologie der Freien Universität Berlin 1954 damit begonnen, Hoch- und Tiefdruckgebieten Namen zu geben. Zunächst erhielten Tiefdruckgebiete immer Frauen- und Hochdruckgebiete immer Männernamen. Da Tiefdruckgebiete meist für schlechtes Wetter verantwortlich sind, protestierten Frauen gegen diese Vorgehensweise.

Seit 1998 wechselt deshalb die Benennung von Jahr zu Jahr. Weltweit geben nur der US-Wetterdienst und das Berliner Institut Wetterphänomenen Namen. In Deutschland werden jährlich bis zu 60 Hoch- und bis zu 150 Tiefdruckgebiete getauft. In der Bevölkerung bekannt wurde die Namensvergabe aber erst, als 1990 die Orkantiefs „Vivian“ und „Wiebke“ in den Medien auf sich aufmerksam machten.

Schon gewusst?!

Seit 2002 werden die Namen im Rahmen einer Wetterpatenschaft vergeben – jede Person mit dem nötigen Kleingeld (Hochs sind etwas teurer als Tiefs) kann ein Hoch- oder Tiefdruckgebiet nach sich benennen lassen.

WARUM *sind Regenwolken grau*?

Regenwolken sind nicht wirklich grau, sondern sehen nur so aus. Das liegt daran, dass sie besonders viele Wassertropfen enthalten und dadurch – anders als zum Beispiel „Schäfchenwolken" – sehr dicht und damit undurchsichtig sind. Deshalb kann die Sonne nicht mehr durchscheinen und von der Erde aus sehen sie grau aus.

Lockerere Wolken mit weniger Wassertropfen erscheinen uns hingegen weiß, da die Tropfen das durchschimmernde Sonnenlicht reflektieren. In einer Regenwolke befinden sich aber bis zu zehntausend Liter Wasser. Auch diese unzähligen Wassertropfen reflektieren die Lichtstrahlen. Da es aber so viele sind und die Wolke kilometerdick sein kann, werden die Strahlen auf dem Weg nach unten immer wieder in verschiedene Richtungen abgelenkt. Bei einer dicken Regenwolke kommt also weniger Sonnenlicht auf der Erde an. Das sorgt dafür, dass Wolken aus verschiedenen Blickwinkeln betrachtet unterschiedliche Farben haben. So erscheint dieselbe Regenwolke, die vom Boden aus grau aussieht, aus einem Flugzeug heraus betrachtet immer noch weiß.

Wolken

werden in Gattungen (Aussehen), Familie (Höhe am Himmel) und Arten (Eigenarten) eingeteilt. Diese zehn Gattungen von Wolken könnt ihr am Himmel entdecken:

Steckbriefe

Cirrus
(Federwolken)

WOLKENFAMILIE hohe Wolken (5.000 bis 13.000 Meter)
MERKMALE feine weiße Striche, Flecken oder Fäden; faserig mit seidigem Schimmer

Cirrostratus
(Schleierwolken)

WOLKENFAMILIE hohe Wolken (6.000 bis 10.000 Meter)
MERKMALE faserig; verdecken die Sonne wie ein Schleier

Cirrocumulus
(Schönwetterwolken)

WOLKENFAMILIE hohe Wolken (8.000 bis 10.000 Meter)
MERKMALE dünne weiße Flecken, Felder oder Schichten aus sehr kleinen Wolkenteilen

Altocumulus
(Schäfchenwolken)

WOLKENFAMILIE mittelhohe Wolken (2.500 bis 6.000 Meter)
MERKMALE weiße oder graue Schichten, Felder oder Flecken; oft in lang gestreckten Walzen oder Bänken angeordnet

Altostratus
(Schichtwolken)

WOLKENFAMILIE mittelhohe Wolken (2.000 bis 7.000 Meter)
MERKMALE flächige graue bis gräuliche Wolkenfelder, durch die die Sonne matt bis gar nicht durchscheint

Stratus
(tiefe Schichtwolken)

WOLKENFAMILIE tiefe Wolken (0 bis 2.000 Meter)
MERKMALE die tiefsten Wolken von allen; auch als Hochnebel bezeichnet; grauweiße Suppe aus Regentröpfchen ohne besondere Form

Stratocumulus
(Haufenschichtwolken)

WOLKENFAMILIE tiefe Wolken (500 bis 2.000 Meter)
MERKMALE ähneln der Cumulus-Form, sind aber unten zusammengewachsen und oben abgeflacht; erscheinen von unten meist weißgrau; unsere häufigsten Wolken

Cumulus
(Quellwolken)

WOLKENFAMILIE vertikale Wolken (600 bis 1.500 Meter)
MERKMALE dichte Wolken; flache, fast horizontal verlaufende Unterseite mit blumenkohlähnlichem Aufbau; ziehen immer einzeln am Himmel entlang; oben leuchtend weiß, unten dunkler

Nimbostratus
(Schlechtwetter- / Regenwolken)

WOLKENFAMILIE vertikale Wolken (5.000 bis 10.000 Meter)
MERKMALE graue Wolkenschicht, die so dicht ist, dass sie die Sonne verdeckt; darunter häufig niedrige zerfetzte Wolken, die mit ihr verbunden sein können

Cumulonimbus
(Gewitterwolken)

WOLKENFAMILIE vertikale Wolken (2.000 bis 10.000 Meter)
MERKMALE massige, dichte Wolke; kilometerweit aufgetürmt zu einer Form, die einem Berg, einem Turm oder einem Amboss ähnelt

WARUM *haben Windräder drei Flügel*?

Anders als klassische Windmühlen mit vier Flügeln haben heutige Windräder meistens nur drei Rotorblätter. Dafür gibt es zwei gute Gründe: Zum einen wird die Windkraft bei drei Flügeln besonders gleichmäßig verteilt. Zum anderen steht die Stromausbeute in einem besseren Verhältnis zu den Materialkosten. Denn die riesigen Rotorblätter sind teuer.

Dass eine Windkraftanlage mit drei Rotorblättern besonders gleichmäßig belastet wird, hat mit der Bauart der Windräder zu tun: Sie sind sehr hoch, ungefähr 150 Meter. Am stärksten ist der Wind an der Rotorspitze, wenn diese sich in der Verlängerung des Mastes befindet, also auf der Zwölf-Uhr-Position. Am schwächsten ist er in der genau entgegengesetzten Stellung, also unten am Mast (sechs Uhr). Bei drei Flügeln ist es so, dass nie zwei Rotoren gleichzeitig sowohl sehr schwach als auch sehr stark belastet werden. Das ist gut, weil sonst sehr starke Biegekräfte auf die Anlage wirken würden. Ein dreiblättriges Windrad hat daher eine längere Haltbarkeit und läuft ruhiger als ein zwei- oder vierblättriges. Bei den deutlich niedrigeren traditionellen Windmühlen (bis circa 40 Meter Höhe) spielen diese Kräfte keine so große Rolle.

8+

So funktioniert eine Windkraftanlage

Durch den **WIND** (1) angetrieben, drehen sich die **ROTORBLÄTTER** (2) der Windenergieanlage. Zur Stilllegung, zum Beispiel für Wartungsarbeiten, und damit die Windkraft optimal genutzt wird, lassen sich die **ROTORFLÜGEL** (3)verstellen und die gesamte Gondel drehen. Ein **SENSOR** (4) misst, aus welcher Richtung der Wind kommt und mit welcher Geschwindigkeit er weht. Über eine **ANTRIEBSWELLE** (5) wird diese Drehbewegung an einen **STROMGENERATOR** (6) weitergegeben. Dieser wandelt schließlich die Drehbewegung in elektrischen Strom um.

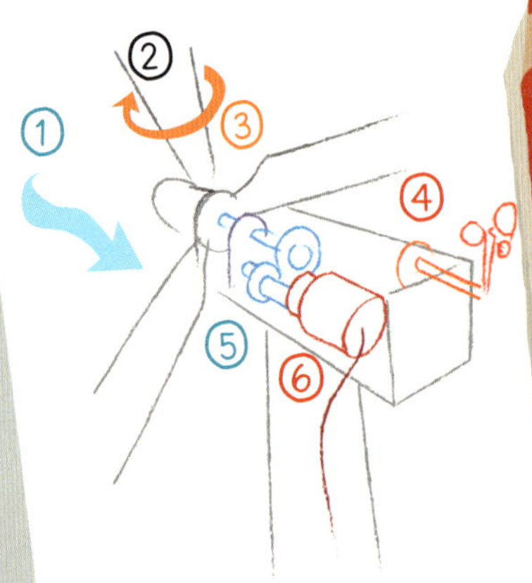

WARUM *stehen Windräder so oft still* ?

Es ist schon seltsam: Einige Windräder in einem Windpark drehen sich, andere aber nicht. Und das, obwohl doch Wind weht. Warum das so ist, lässt sich aus der Ferne nicht eindeutig sagen. Eine Windenergieanlage wird zum Beispiel abgeschaltet, wenn zu wenig oder zu viel Wind weht oder etwas daran repariert werden muss – manchmal aber auch aus Gründen des Naturschutzes oder sogar, weil zu viel Strom erzeugt wird.

Moderne Anlagen schalten sich normalerweise bei Windgeschwindigkeiten von drei Metern pro Sekunde (Windstärke zwei) automatisch ein und bei 25 bis 34 Metern pro Sekunde (Windstärke 10 bis 12) aus. Wenn einige Rotoren in einem Windpark stillstehen, während andere sich drehen, kann es sein, dass die Windräder kleiner sind oder niedriger im Gelände stehen, weshalb der Wind für sie noch nicht ausreicht.

Im Winter kann auch Vereisung für den Stillstand verantwortlich sein. Denn Eisteile, die von den Flügeln fallen, können zu einem lebensgefährlichen Geschoss werden.

Im Spätsommer und Herbst kommt es in bestimmten Regionen vor, dass die Rotoren abgestellt werden, damit Fledermäuse oder Zugvögel nicht mit ihnen kollidieren. Denn auch, wenn es aus der Ferne nicht so wirkt: An der Außenkante der Flügel dreht sich ein Windrad schneller, als ein Rennwagen fährt.

Manchmal werden Windkraftanlagen auch abgeschaltet, weil sie zu viel Strom erzeugen. Wenn zu bestimmten Zeiten, zum Beispiel nachts, weniger Strom verbraucht wird, kann das Stromnetz überlastet sein und keinen weiteren Strom mehr aufnehmen. Windenergieanlagen stehen dann vorübergehend zwangsweise still, weil sie leichter abgeschaltet werden können als zum Beispiel Kohlekraftwerke.

SCHNITZFÜHRERSCHEIN

Wenn ab Oktober der Baumschnitt ansteht, ist die ideale Zeit, nach dem Schnitzmesser zu greifen.

Sicherheit geht vor!

Tipps zum Schnitzen

DAS RICHTIGE MESSER Ein gutes Schnitzmesser ist scharf, denn stumpfe Messer bergen ein höheres Verletzungsrisiko (Gefahr durch Abrutschen). Außerdem lässt sich damit einfach nicht gut arbeiten (Frustpotenzial!). Für Kinder gibt es spezielle Messer mit abgerundeter und verkürzter Klinge. Bei Klappmessern sollte sie sich feststellen lassen, außerdem muss das Messer gut in der Kinderhand liegen.

DER SICHERE SITZ Zum Schnitzen sucht ihr euch am besten einen festen, nicht wackeligen Sitzplatz. Ihr setzt euch breitbeinig hin und stellt die Füße stabil vor euch. Beim Schnitzen lehnt ihr euch etwas nach vorne und stützt eure Ellenbogen auf den Oberschenkel ab. So könnt ihr sicher zwischen euren Beinen und vor eurem Körper arbeiten.

DIE SCHNITZRICHTUNG Geschnitzt wird immer vom Körper und der haltenden Hand weg. Haltet beim Schnitzen mindestens einen Meter Abstand zu anderen Personen oder eurem Sitznachbarn ein!

TRANSPORT UND LAGERUNG Beim Gehen mit dem Messer muss dieses immer geschlossen oder sicher in seiner Scheide verwahrt sein. Mit Werkzeug in der Hand darf nicht gerannt werden! Seid ihr fertig mit dem Schnitzen oder macht eine längere Pause, schließt das Messer und bewahrt euer Werkzeug an einem sicheren Ort auf!

DAS PASSENDE HOLZ Euer Schnitzstück oder der Ast sollte so groß sein, dass ihr nicht zu nah an der haltenden Hand schnitzen müsst. Frisch geschnittenes Holz (Grünholz) lässt sich leichter bearbeiten als trockenes. Morsches Holz solltet ihr liegen lassen. Zum Schnitzen eignen sich vor allem Laubgehölze wie Hasel, Birke, Erle oder Weide. Nadelholz ist oft harziger und weniger gut geeignet. Bei der Kiefer könnt ihr aber gut die Borke verwenden!

ZUSÄTZLICHES WERKZEUG Je nachdem, was ihr schnitzen wollt, benötigt ihr beispielsweise noch einen Kastanien- oder Handbohrer, eine kleine Säge, Schleifpapier, einen Schraubendreher oder Akkuschrauber. Gut sitzende Arbeits- oder spezielle Schnitzhandschuhe verringern das Verletzungsrisiko erheblich!

NUR TOTES HOLZ Geschnitzt wird nur an geschnittenem Holz beziehungsweise eurem Werkstück. Der Gartentisch und lebende Bäume sind Tabu!

ACHTUNG Es ist verboten, Äste oder Zweige in Parks, Wäldern oder fremden Gärten zu schneiden. Wenn ihr keinen eigenen Garten habt, fragt am besten bei Freunden, Nachbarn, Bekannten, in Förstereien, Kleingarten-Anlagen oder beim Wertstoffhof nach Grünschnitt!

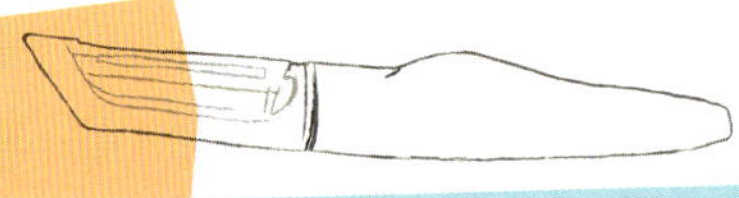

Extratipp für die Kleinen

Kinder unter fünf Jahren schnitzen statt mit dem Messer am besten mit einem Sparschäler. Besonders gut eignet sich dafür der stabile Kartoffelschäler vom großen schwedischen Einrichtungshaus.

Für die Erwachsenen

Kinder sollten beim Umgang mit Messer, Säge und Co. immer unter Aufsicht sein. Gerade bei kleinen Kindern schwindet die Konzentration schnell – dann solltet ihr lieber ein anderes Mal weitermachen!

Führerscheinprüfung

Ihr habt alle Tipps beherzigt und euer Gesellenstück fertig?! Dann stellt euch ein Erwachsener sicher gerne den „Schnitzführerschein“ aus. Ihr findet ihn auf unserem Beobachtungsbogen auf Seite 182 oder hier zum Download:

Pfeil und Bogen

Die Zweige der Hasel und der Salweide sind sehr biegsam und eignen sich daher hervorragend zum Bogenbau.

IHR BRAUCHT

Schnitzmesser und Arbeitshandschuhe; einen langen geraden Zweig (etwa 90 bis 120 cm, je nach eurer Körpergröße) mit möglichst wenig Knospen; eine Schnur; kürzere gerade Zweige (0,5 bis 1 cm dick, 50 bis 60 cm lang); eventuell Federn als Schmuck

SO GEHT'S

1. Schnitzt in euren langen Stock jeweils am Ende auf die Außenseite des späteren Bogens eine Kerbe. Sie hält später die Schnur. Wenn ihr wollt, könnt ihr die Enden vorher etwas dünner schnitzen (die Mitte des Bogens sollte die dickste Stelle sein). Anschließend macht ihr die Schnur auf der einen Seite mit einer einfachen Schlaufe fest. Dann biegt ihr den Bogen zurecht, spannt die Schnur und knotet sie auf der anderen Seite mit einem Bogenbauerknoten fest (siehe Zeichnung). Diese spezielle Schlaufe könnt ihr bei Bedarf öffnen und so den Bogen ungespannt lagern.

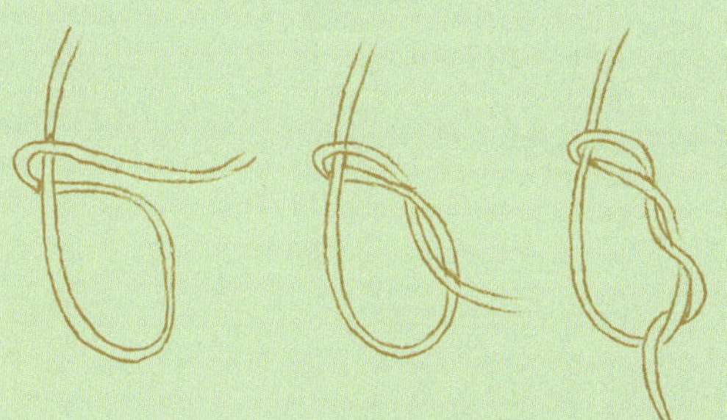

2. Anschließend spitzt ihr die Pfeile an der Vorderseite etwas (!) an und schneidet an der Hinterseite quer eine Kerbe hinein. Mit dieser könnt ihr den Pfeil später in die Sehne einspannen und wenn ihr möchtet, eure Pfeile – zum Beispiel mit einer Feder – schmücken.

Zielscheibe basteln

IHR BRAUCHT

Quadratische Polystyrolplatte (wie Styropor) oder festen Karton, Tusche oder andere wasserbasierte Farbe

SO GEHT'S

Als Grundlage für die Zielscheibe eignen sich Polystyrol oder dicke Pappe besonders gut, da ein leicht angespitzter Pfeil darin stecken bleiben kann (und das gibt natürlich Extrapunkte!). Darauf zeichnet ihr einfach eure Zielscheibe, zum Beispiel klassisch mit mehreren Ringen, die unterschiedlich viele Punkte bringen. Die Scheibe könnt ihr aufstellen oder aufhängen (siehe Zeichnung).

VARIANTE

Ihr könnt auch Ringe zum Durchschießen aufstellen. Einen Ring könnt ihr euch zum Beispiel aus fester Pappe zuschneiden oder auch – aus sehr biegsamem Holz – zurechtbiegen. Anschließend befestigt ihr ihn an einem Stab oder Stock und steckt ihn in den Boden.

ACHTUNG
Nie auf andere Menschen oder Tiere zielen oder mit eingespanntem Pfeil umherlaufen!

Wacholderdrosseln und Saatkrähen tun sich bei der Futtersuche zu Schwärmen zusammen. Vielleicht seht ihr sogar einen Wintergast aus dem Norden, wie Gänsesäger, Singschwan oder Bergfink.

Es friert und schneit häufiger. Wessen Spuren könnt ihr im Schnee entdecken?

DEZEMBER

JANUAR

In den Gärten blüht die als Schnee- oder Christrose bekannte Schwarze Nieswurz. Vorsicht, nicht anfassen: Die Pflanze ist für Menschen giftig.

Wasservögel sammeln sich an eisfreien Stellen in fließenden Gewässern. Entdeckt ihr seltenere Arten wie Reiher- und Tafelenten oder Höckerschwäne?

Schöne WINTERZEIT!

Im Garten beginnt die Balz der Blau- und Kohlmeisen, im Wald balzen Schleiereulen und Waldkäuze.

FEBRUAR

Der Frühling steht in den Startlöchern. Schneeglöckchen sind die ersten Frühblüher, die sich nach draußen wagen.

Frühblühende Bäume und Sträucher wie die Hasel und die Erle läuten nicht nur den Frühling, sondern auch die Pollensaison ein. Krokusse und Huflattich bieten den ersten herumfliegenden Bienen und Hummeln Nahrung.

WIE überwintern Pflanzen …

Viele Pflanzen in der Natur haben kluge Tricks, um gut über den kalten Winter zu kommen. Die meisten hören auf zu wachsen und stellen dafür das „Trinken" und Atmen weitestgehend ein. Andere, wie viele Zier- oder Gemüsepflanzen, sind gar nicht darauf ausgelegt, den Winter zu überleben. Ihr gesamtes Leben spielt sich in weniger als einem Jahr ab.

Mehrjährige oder ausdauernde Pflanzen beginnen im Herbst, ihre Aktivität herunterzufahren, um bei Frost keine Schäden davonzutragen. Wasser dehnt sich aus, wenn es gefriert. In den Pflanzenzellen vorhandenes Wasser kann diese sprengen. Deshalb sorgen die Pflanzen dafür, dass ihre überwinternden Teile, zum Beispiel Wurzeln, Äste, Stamm und Samen, möglichst wenig davon enthalten. Sie hören auf, Flüssigkeit über ihre Wurzeln aufzunehmen, und stellen den Wassertransport in die grünen Pflanzenteile ein.

Bei vielen Stauden, Sträuchern und Blumen sterben alle oberirdischen Pflanzenteile in der kalten Jahreszeit ab, während die Nährstoffe in den unterirdischen Teilen eingelagert werden, zum Beispiel in den Wurzeln, Knollen oder Zwiebeln. Dadurch kann die Pflanze im Frühjahr neu austreiben. Andere Pflanzen sterben komplett ab und nur ihre Samen überstehen den Winter, aus denen dann neue Triebe wachsen. Knospen sind durch Schuppen oder eine pelzige Schicht vor Frost geschützt.

Natürliches Frostschutzmittel

8+

Einige Pflanzen, zum Beispiel Frühblüher wie Krokus, Winterlinge und Schneeglöckchen, verändern zum Wintereinbruch auch die Zusammensetzung der Stoffe in ihren Zellen. Sie setzen ihren Gefrierpunkt herab, unter anderem durch den Einbau von Zuckerarten wie dem Zuckeralkohol Sorbit sowie Traubenzucker (Glucose). Sie stellen also quasi ihr eigenes Frostschutzmittel her und schützen sich so vor dem Erfrieren. Für die Herstellung ihres Frostschutzes braucht die Pflanze aber mindestens 24 Stunden. Ein plötzlicher Kälteeinbruch kann für Pflanzen also tödlich sein.

… und machen Bäume Winterschlaf?

Nein, Bäume halten keinen Winterschlaf wie manche Tiere (siehe Seite 22/23). Aber auch sie machen im Winter eine Pause. Dazu gehen Bäume, ebenso wie andere Pflanzen, in eine Art Ruhezustand, der Winterruhe oder Winterdormanz genannt wird.

Die meisten Laubbäume verlieren im Herbst ihre Blätter (siehe Seite 99). Dadurch sparen sie in den Wintermonaten Energie und Wasser, weil sie keine Blätter mehr haben, die „beim Atmen“ Wasser in die Luft abgeben (verdunsten). Stattdessen nehmen sie den Sauerstoff aus der Luft nun über ihre Rinde und ihre Wurzeln auf.

Nadelbäume, wie Tannen oder Fichten, behalten ihre Blätter das ganze Jahr über. Die Nadeln sind mit einer Wachsschicht überzogen, die sie vor dem Austrocknen schützt. Wenn es sehr kalt ist, können die Nadeln sogar in einen Ruhezustand gehen und weniger Wasser verdunsten. Ein sehr sonniger, aber eisiger Winter kann für die Nadelbäume aber zum Problem werden. Die Sonne zieht das Wasser aus den Nadeln, während der Baum aus dem gefrorenen Boden kein neues aufnehmen kann – dadurch droht er auszutrocknen.

Wärmende Schneedecke 8+

Auf den ersten Blick klingt es widersprüchlich, dass Schnee vor Frost schützt. Doch tatsächlich wirkt eine dicke Schneeschicht wie eine Isolierung. Der Schnee legt sich wie eine warme Decke auf den Boden und verhindert, dass er tief durchfriert. Das ist sowohl gut für kleine Tiere, die in den oberen Bodenschichten leben, als auch für die Pflanzen: Schmilzt der Schnee wieder, versickert das Schmelzwasser langsam im Boden, der es – wie ein Schwamm – aufsaugt und speichert. So kann geschmolzener Schnee den Bäumen noch bis in den Sommer hinein als Wasservorrat dienen.

WARUM *bleiben manche Pflanzen im Winter grün* ?

Laubbäume und Sträucher kostet es viel Energie, jedes Frühjahr neue Blätter zu bilden. Die sogenannten immergrünen Pflanzen sparen sich diesen kräftezehrenden Prozess und behalten ihre Blätter das ganze Jahr. Das liegt daran, dass die meisten immergrünen Arten ursprünglich nicht bei uns heimisch waren. Sie stammen aus Regionen, in denen die Winter kurz und mild sind – kennen also im wahrsten Sinne keinen echten Winter und bleiben deshalb grün.

Für kurze Zeiträume hat die Natur das Auswechseln der Blätter nicht vorgesehen. Die immergrünen Pflanzen stellen daher nur kurzzeitig die Fotosynthese ein – sie ruhen, behalten aber ihre Blätter. Werden sie als Zierpflanzen in kühlere Regionen gebracht, passen sie sich an das rauere Klima an, indem sie einfach etwas länger Winterruhe halten. So überstehen auch eigentlich wärmeliebende Pflanzen, wie Zwergmispel oder Feuerdorn, die kalte Jahreszeit in unseren Gärten unbeschadet. In der freien Natur, wo sich die Pflanzen gegenseitig Nährstoffe und die besten Standorte streitig machen, sind die exotischen Immergrünen den heimischen Pflanzen langfristig oft unterlegen.

Schon gewusst?!

Steht beim Pflanzenkauf „winterhart“ auf dem Etikett, ist die Pflanze robust genug, um Frost, Wind, Schneelast und Wasserknappheit zu trotzen.

FÜR DIE GROSSEN

Richtig winterhart ist die Pflanze nur, wenn sie im Garten eingepflanzt wird. Im Topf kann sie in den sogenannten Kältestress geraten und muss mit Stroh, einem Jutesack oder Ähnlichem vor Frost geschützt werden.

Gemeiner Efeu

GRÖẞE
als Kletterpflanze bis zu 20 m hoch
MERKMALE herz- oder rautenförmige Blätter; grüngelbe Blütendolden; blauschwarze Beeren
WISSENSWERTES einzige heimische immergrüne Kletterpflanze; für Insekten und Vögel ist vor allem ein in die Jahre gekommener Efeu interessant, denn die Pflanze blüht und fruchtet erst ab einem Alter von zehn Jahren
ACHTUNG giftig

Gewöhnliche Zwergmispel

(auch: Felsen-Zwergmispel)

GRÖẞE als Strauch bis 2 m hoch und breit
MERKMALE ovale bis eiförmige Blätter; weiße, unscheinbare Blüten; kugelige orangerote Früchte
WISSENSWERTES reichhaltiges Nektarangebot für Bienen, Hummeln und Feldwespen; bildet im Spätsommer Beeren, die bis in den Winter hängen bleiben und Vögeln als Notration dienen; geschützte Art
ACHTUNG giftig

Europäische Stechpalme

(auch: Ilex)

GRÖẞE als Strauch bis 1,5 m hoch und 60 cm breit, als Baum bis 10 m hoch
MERKMALE längliche Blätter mit kleinen spitzen Zähnen; kleine weiße Blütenbüschel; kleine rote Beeren
WISSENSWERTES die stacheligen Zweige sind ein beliebter Weihnachtsschmuck; die Steinfrüchte bieten Vögeln im Winter Nahrung; geschützte Art
ACHTUNG stark giftig

Gewöhnlicher Buchsbaum

GRÖẞE bis 4 m hoch
MERKMALE kleine dichte, eiförmige bis elliptische Blätter; unscheinbare gelbliche Blütenknäuel; Kapselfrüchte mit zwei schwarzen Samen
WISSENSWERTES wächst wild in Wäldern Südeuropas sowie einem kleinen Gebiet in Südwestdeutschland; bildet, sofern er wachsen kann, pollen- und nektarreiche Blüten und setzt Früchte an; wird oft von Schädlingen wie dem Buchsbaumzünsler befallen; geschützt
ACHTUNG giftig

Mittelmeer-Feuerdorn

(auch: Europäischer Feuerdorn)

GRÖẞE bis 4 m hoch und breit
MERKMALE eiförmige bis längliche Blätter mit runder Spitze; kleine weiße Schirmrispen; kleine, runde rote Steinfrüchte
WISSENSWERTES Pollenspender; in milden Wintern immergrün, bei zu viel Frost verliert er seine Blätter, bildet im Frühjahr aber neue; rohe Beeren ungenießbar für Menschen, aber beliebtes Winterfutter für Vögel; bietet ihnen mit seinen spitzen Dornen außerdem einen geschützten Nistplatz; in Südosteuropa heimisch, kommt aber auch mit unserem Klima gut zurecht

Hecken

Wildhecken sind für heimische Tiere und Pflanzen besonders wichtig – als Lebensraum, Versteck und Nahrungsspender bis spät in den Winter hinein.

GEHEIMTIPP FÜR NASCHKATZEN

Die Felsenbirne ist zwar nicht immergrün, aber winterhart und trägt im Sommer obendrein Früchte, die nicht nur Vögel, sondern auch wir essen können. Sie schmecken ein bisschen wie eine Mischung aus Birnen, Heidelbeeren und Äpfeln – klingt lecker, oder?

Fragt doch mal mit euren Eltern im Gartencenter nach und pflanzt euch eine eigene kleine Naschhecke!

Immergrüne Alleskönner, die nicht nur ganzjährig grün sind, sondern auch gut für Insekten und Vögel:

Steckbriefe

WELCHE *Blumen blühen im Winter ...*

Der Winter muss nicht grau und trist sein. Denn einige Blumen und Sträucher trotzen der Kälte und öffnen auch in der kalten Jahreszeit ihre Blüten, zum Beispiel die Christrose, die Schneeheide, der Duftschneeball, die Winter-Heckenkirsche oder die Zaubernuss. Pflanzen, die zwischen Ende November und Anfang Februar blühen, werden Winterblüher genannt.

Die meisten Winterblüher sind Stauden oder Sträucher. „Richtige“ Bäume gibt es unter ihnen hingegen kaum. Eine Ausnahme bildet die Winterkirsche, die bereits ab Dezember ihre rosafarbenen Blüten öffnet.

Auch bei Blumen, die eigentlich eher zu den Frühblühern gehören (siehe Seite 14/15), gibt es Zuchtarten, die bereits im Winter blühen. Dazu gehören das Vorfrühlings-Alpenveilchen und das Königin-Olga-Schneeglöckchen.

Winterblüher

Diese Pflanzen bringen im Winter Farbe in den Garten:

Steckbriefe

Winterjasmin

GRÖSSE bis 3 m hoch und 2 m breit
BLÜTEZEIT Dezember bis April
MERKMALE kleine leuchtend gelbe Blüten
WISSENSWERTES braucht einen geschützten Standort und eine Kletterhilfe (zum Beispiel eine Mauer), geht aber auch als Bodendecker; stammt ursprünglich aus Ostasien

Christrose

(auch: Schneerose)

GRÖSSE bis 30 cm hoch
BLÜTEZEIT Dezember bis März
MERKMALE Staude mit schneeweißen Blüten
WISSENSWERTES kann an einem geeigneten Standort bis zu 25 Jahre alt werden; mit ihrer langen Blütezeit bereichert sie auch das Frühjahrsbuffet der Bienen; ab Anfang Februar gesellt sich die verwandte Lenzrose zu ihr; als Wildpflanze geschützt
ACHTUNG stark giftig

Duftschneeball

GRÖSSE bis 3 m hoch und breit
BLÜTEZEIT November bis April
MERKMALE kleiner Strauch mit duftenden Blüten, deren Farbe sich im Laufe der Blütezeit von tiefrosa über blassrosa bis hin zu weiß wandelt; setzt selten Früchte an
WISSENSWERTES durch seine lange Blütezeit auch für Insekten interessant; Wildform aus Ostasien, bei uns heimisch ist der Gewöhnliche Schneeball, der ab Mai blüht
ACHTUNG Pflanze schwach giftig, Früchte giftig

… und warum?

Viele Winterblüher sind bei uns nicht heimisch und stammen eigentlich aus Ländern, in denen die Winter recht warm sind. Oft handelt es sich auch um Zierpflanzen, die durch Kreuzungen von Arten entstanden sind (Hybride), also in Gärtnereien gezielt gezüchtet wurden. In der freien Natur blühen die meisten Pflanzen hier frühestens ab Februar. Zu den wenigen Ausnahmen gehören die Schneeheide und die Christrose, die in Mittel- und Südeuropa auch wild wachsen.

Dass die heimischen Wildpflanzen ihre Blüten erst im Frühjahr öffnen, hat gute Gründe: Viele Blühpflanzen sind auf Bestäuberinsekten wie Bienen, Hummeln, Schmetterlinge und Co. angewiesen, um sich fortzupflanzen. Die Insekten befinden sich im Winter aber in Kältestarre oder sind noch gar nicht geschlüpft (siehe Seite 156) – die Pflanze könnte sich also nicht vermehren und somit nicht überleben. Außerdem würden viele Blüten bei Frost erfrieren.

Zaubernuss

GRÖẞE bis 5 m hoch und breit
BLÜTEZEIT Januar bis März, in milden Wintern schon ab Dezember
MERKMALE gelbe bis orangerote, fadenförmige Blüten, die im Frühjahr eine Nahrungsquelle für Bienen und Hummeln sind
WISSENSWERTES die beiden winterblühenden Arten stammen ursprünglich aus Japan und China

Winterblüher

Während die winterblühenden Pflanzen gut mit der Kälte zurechtkommen, können ihre Blüten trotzdem frostempfindlich sein. Deshalb empfiehlt es sich, sie im Garten an witterungsgeschützten Orten anzupflanzen.

Schneeheide
(auch: Winterheide)

GRÖẞE bis 30 cm hoch und 40 cm breit
BLÜTEZEIT Januar bis April
MERKMALE Zwergstrauch mit rosafarbenen, kelchförmigen Blüten; es gibt auch Zuchtformen mit weißen oder lilafarbenen Blüten
WISSENSWERTES immergrüner Bodendecker, der gerne in Gärten angepflanzt wird; frühe Nahrungsquelle für viele Insekten

Winter-Heckenkirsche
(auch: Winter-Geißblatt)

GRÖẞE bis 2 m hoch und 1,5 m breit
BLÜTEZEIT Januar bis April
MERKMALE kleiner Strauch mit kleinen weißen bis blassgelben Blüten, die honigartig duften; rote Beeren
WISSENSWERTES braucht einen windgeschützten, sonnigen bis halbschattigen Standort
ACHTUNG schwach giftig

Winterkirsche
(auch: Schneekirsche)

GRÖẞE bis 6 m hoch und 5 m breit
BLÜTEZEIT Januar bis Mai, in milden Wintern schon Vorblüte ab November
MERKMALE kompakter Baum oder großer Strauch mit weißen bis rosafarbenen Blüten, die auch bei Insekten beliebt sind
WISSENSWERTES Zierkirsche, die meist über eine Veredelung durch die heimische Vogelkirsche vermehrt wird und keine oder nur sehr kleine ungenießbare Früchte trägt

WELCHES Gemüse können wir im Winter ernten?

Im Winter gibt es kein frisches Gemüse? Stimmt nicht! Tatsächlich lassen sich um die 30 Gemüsesorten bei uns im Winter anbauen und ernten. Nicht jedes Gemüse mag es warm – manche brauchen sogar Frost, um ihren vollen Geschmack zu entwickeln, allen voran der Grünkohl. Neben weiteren Kohlarten wie Wirsing und Rotkohl gehören zum Wintergemüse viele Wurzel- und Blattgemüse-Sorten. Dazu kommen ein paar wenige Gemüse, die ganzjährig bei uns wachsen, beispielsweise Porree und Feldsalat.

Neben dem bekannten Wintergemüse gibt es auch winterharte Exoten, zum Beispiel manche Asia-Salate wie „Green in Snow“ oder Knollen-Ziest, sowie Winterzüchtungen wie „Flower Sprouts“ (auch: Kalettes, Kohlröschen, Wilder Rosenkohl), eine Mischung aus Grün- und Rosenkohl. Mit ein wenig Gartenwissen könnt ihr aber auch weniger frosthartes Gemüse wie Möhren im Winter anbauen (siehe Mitmachen „Wintergemüsegarten“).

Kohlgemüse

Rosenkohl

Wirsing

Grünkohl

Butterkohl

Flower Sprouts

Rotkohl*

Weißkohl*

Kohlrabi*

Chinakohl*

Blattgemüse

Feldsalat

Chicorée

Postelein / Portulak

Winterkresse

Rosetten-Pak-Choi

Zuckerhut-Salat

Radicchio*

Endivie*

Asia-Salate*

Wurzel- und Knollengemüse

Topinambur

Schwarzwurzel

Petersilienwurzel

Sellerie

Pastinake

Steckrübe

Knollen-Ziest

Porree / Lauch*

Rettich*

Rote Bete*

Möhre*

Radieschen*

* bedingt frosthart, daher spezielle Wintersorten nehmen oder geschützt anbauen

Wintergemüsegarten

Viele Gemüsesorten, die wir eigentlich aus dem Sommer und Herbst kennen, können oft weit mehr Kälte ab als gedacht: Geschützt unter Folie, Stroh oder Vlies, lassen sich auch Kohlrabi, Möhren, Radieschen, Rot- und Weißkohl im Freiland anbauen. Auch euer ungeheiztes Gewächshaus muss im Winter nicht leer stehen – probiert es doch mal aus!

Schon gewusst?!

Wenn ihr Porree nur knapp oberirdisch erntet, also den unterirdischen Teil stehen lasst, treibt er erneut aus!

WARUM *liegen hier so viele Zapfen am Boden ...*

Alle Nadelbäume bilden Zapfen. Sie sind die Reste der weiblichen Blüten, die bei der Reifung holzartig geworden sind. Die länglichen Zapfen, die ihr sammeln könnt, stammen immer von der Fichte, kleinere, rundlichere in der Regel von der Kiefer.

Oft sprechen wir trotzdem fälschlicherweise von „Tannenzapfen“. Die Zapfen einer Tanne findet ihr am Waldboden tatsächlich aber so gut wie nie. Denn sie bleiben am Baum.

BESTANDTEILE EINES NADELBAUM-ZAPFENS

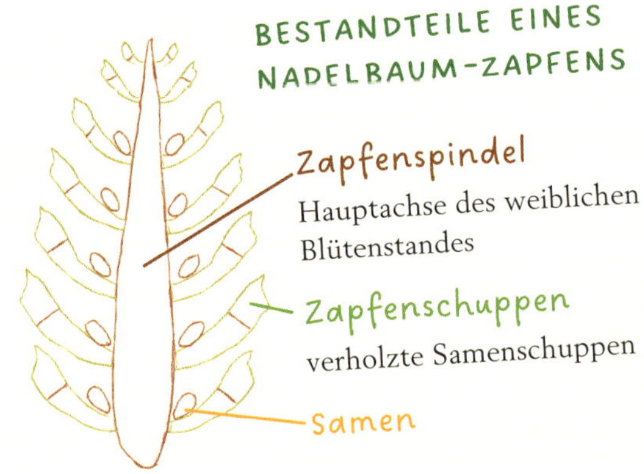

Weißtanne

GRÖSSE bis 55 m hoch
MERKMALE
Nadeln: 1 bis 3 cm lang; Zapfen: 8 bis 15 cm lang, steht auf dem Zweig, nach der Reifung fallen Samen und Schuppen einzeln raus, während die nackte Spindel oft noch jahrelang am Baum bleibt
WISSENSWERTES
kann bis zu 600 Jahre alt werden; gilt hinsichtlich des Klimawandels als Hoffnungsträger des Waldbaus, weil sie weniger trockenheitsanfällig und gleichzeitig sturmfester ist als die Fichte

Fichte

GRÖSSE bis 60 m hoch
MERKMALE
Nadeln: 1 bis 3 cm lang; Zapfen: 10 bis 15 cm lang, hängt am Baum, öffnet sich und gibt den Samen frei, dann fällt er am Stück zu Boden
WISSENSWERTES
höchster und häufigster heimischer Baum, kann bis zu 600 Jahre alt werden, fällt aber leicht um, zum Beispiel bei Sturm

Waldkiefer

GRÖSSE bis 40 m hoch
MERKMALE
Nadeln: 3 bis 8 cm lang; Zapfen: 3 bis 8 cm lang, hängt am Baum, zur Reifezeit fallen die Samen heraus, dann fällt er zu Boden, kürzer und bauchiger als der Fichtenzapfen
WISSENSWERTES
zweithäufigster Nadelbaum Deutschlands, häufigster in Europa; wird bis zu 600 Jahre alt

Europäische Lärche

GRÖSSE bis 55 m hoch
MERKMALE Nadeln: 2 bis 3 cm lang; Zapfen: 2 bis 6 cm lang; steht aufrecht auf dem Zweig, häufig mehrere in einer Reihe, nach der Reifung fällt der Samen heraus, die kleinen, eiförmigen Zapfen fallen erst nach Jahren mitsamt Zweigen ab
WISSENSWERTES
wirft im Herbst alle Nadeln ab (siehe Seite 98); kann über 600 Jahre alt werden

… und wer hat an ihnen geknabbert?

Vögel und Nagetiere bedienen sich, besonders im Winter, gern am Nadelbaum-Buffet. Anschließend finden wir häufig abgefressene Zapfen am Boden. Wenn ihr wisst, wie die verschiedenen Tiere fressen, könnt ihr leicht erkennen, wer daran genagt oder gepickt hat.

Kreative Bastelideen mit Zapfen

Mit Kiefern- oder Fichtenzapfen könnt ihr tolle Dinge basteln – von der Weihnachtsdeko bis zu Zapfentieren. Gutes Zusatzmaterial sind bunte Pompons, Eierkartons, Tonpapier, Farbe, Pfeifenreiniger, Perlen, leere Klorollen oder … Was fällt euch noch ein?

Waldmaus

GRÖẞE 8 bis 10 cm ohne Schwanz
LEBENSRAUM Wälder, Parks und Gärten
VORGEHENSWEISE legt den Zapfen auf den Boden und nagt ihn rundum sorgfältig ab

Fichten-Kreuzschnabel

GRÖẞE 15 bis 17 cm
LEBENSRAUM Nadel- (bes. Fichten) und Mischwald
VORGEHENSWEISE schneidet die Samen heraus, während der Zapfen noch am Zweig hängt

Buntspecht

GRÖẞE 22 bis 34 cm
LEBENSRAUM Wälder, Gehölze, Parks und Gärten
VORGEHENSWEISE klemmt den Zapfen in ein Astloch und rupft die Samen heraus

Eichhörnchen

GRÖẞE 30 cm, Schwanz bis 25 cm
LEBENSRAUM Wälder, Gärten und Parks
VORGEHENSWEISE stellt den Zapfen auf den Boden und beginnt, von unten her zu knabbern

WARUM sehen Vögel im Winter dick aus?

Klein und rund hocken die Vögel im Winter auf den Ästen. Sie haben aber nicht besonders viel gefressen, sondern stellen ihre Federn auf: Sie plustern sich auf, um sich vor der Kälte zu schützen.

Durchs Aufplustern vergrößern sich die Luftkammern des Federkleids. Denn zwischen der Vogelhaut und den Deckfedern befindet sich eingeschlossene Luft, die wie eine Isolierschicht wirkt. Weil Luft ein schlechter Wärmeleiter ist, nimmt sie die Körperwärme zwar gut auf, gibt sie aber kaum ab. Besonders gut funktioniert das zwischen den lockeren Federästen der flauschigen Unterfedern (Daunenfedern). Sie bilden eine dicke Isolierhülle, die die Vögel – wie ein gefütterter Schlafsack – selbst bei Minusgraden warm hält. Weil Daunenfedern die Wärme besonders gut speichern, werden auch Bettdecken und warme Jacken heute noch oft damit gefüllt.

WARUM wühlen Wildschweine den Boden auf?

Wildschweine suchen das ganze Jahr über im Boden nach Nahrung. Doch wenn Schnee liegt, können wir ihre Wühlspuren besonders leicht entdecken. Diese Tiere sind Allesfresser. Im Winter suchen sie nach Wurzeln, Larven und Mäusenestern oder stöbern Kröten und Lurche in Kältestarre auf.

Ursprünglich lebten Wildschweine in Sumpfgebieten und feuchten Bruchwäldern. Noch heute durchpflügen sie deshalb am liebsten weiche Böden. Doch weil sich ihr Lebensraum durch Menschen, Straßen und Häuser stark verändert hat, fühlen sie sich mittlerweile selbst in der Großstadt wie zu Hause. Dabei machen Wildschweine auch vor steinigen Böden und Rasenflächen nicht mehr halt. Eine Gruppe (Rotte) Wildschweine kann mit ihren Rüsseln leicht einen ganzen Garten umgraben.

Tierspuren im Wald

Wer war hier unterwegs? Unsere Fährtenkunde gibt euch Auskunft über die häufigsten Spuren, die ihr im Schnee oder in weichem Waldboden entdecken könnt!

Trittsiegel – Spur – Fährte

Ein **TRITTSIEGEL** ist ein einzelner Abdruck einer Pfote, eines Hufes oder Fußes. Mehrere Trittsiegel ergeben eine **SPUR**. Erst in Kombination mit dem Duft des jeweiligen Tieres, den zum Beispiel eine feine Hundenase riechen kann, wird von einer **FÄHRTE** gesprochen.

8+

Wildschwein

GRÖSSE DER SPUR Trittsiegel 9 bis 12 cm lang und 6 bis 8 cm breit (Keiler); 8 bis 11 cm lang und 4,5 bis 5,5 cm breit (Bache); Schrittlänge 35 bis 45 cm

ERKENNUNGSZEICHEN
2. und 5. Klaue (Afterklauen) seitlich der Spur

Reh

GRÖSSE DER SPUR Trittsiegel 4 bis 5 cm lang und 3 cm breit; Schrittlänge 60 bis 90 cm

ERKENNUNGSZEICHEN
bei Flucht oder auf weichem Boden auch Afterklauen zu sehen; Vorderläufe oft stark gespreizt

Feldhase

GRÖSSE DER SPUR Trittsiegel etwa 5 cm lang und 3 cm breit (Vorderpfoten); 7 bis 12 cm lang und 3,5 cm breit (Hinterpfoten)

ERKENNUNGSZEICHEN
Hinterfüße länger; stehen oft vor den kleineren, rundlicheren Abdrücken der Vorderfüße (Hoppeln)

Eichhörnchen

GRÖSSE DER SPUR
Trittsiegel 3 bis 4 cm lang und 1,5 bis 2 cm breit (Vorderpfoten); 4 bis 5 cm lang und 2,5 bis 3,5 cm breit (Hinterpfoten)

ERKENNUNGSZEICHEN
Zehen gespreizt; Krallen meist erkennbar; Spur beginnt und endet fast immer an einem Baum

Fuchs

GRÖSSE DER SPUR
Trittsiegel 5 cm lang und 3,5 bis 4,5 cm breit; Schrittlänge 60 bis 80 cm

ERKENNUNGSZEICHEN
ovale Pfotenabdrücke mit sichtbaren Krallenmarken; Vorder- und Hinterpfoten etwa gleich groß

WIE finden Eichhörnchen ihre Vorräte wieder?

Wenn sie das mal täten! Eichhörnchen verstecken im Herbst zwar allerlei Eicheln, Nüsse und Bucheckern für die kalte Jahreszeit, im Winter finden sie dann aber längst nicht alle ihrer Verstecke wieder (siehe Seite 116). Dass die flinken Tiere trotzdem oft genug fündig werden, verdanken sie vor allem der großen Anzahl von Verstecken und ihrer sehr guten Nase.

Eichhörnchen können selbst unter Schnee ihre Futtervorräte erschnüffeln – und das bis zu einer Tiefe von 30 Zentimetern! Ob sie sich auch die Lage ihrer Verstecke merken können, ist allerdings umstritten. Obwohl Eichhörnchen bei ihrer Suche oft scheinbar ziellos umherlaufen, wurde in einer Studie festgestellt, dass die Tiere vor allem die eigenen und nicht die Vorräte anderer wiederfinden. Das spricht dafür, dass Eichhörnchen über ein gewisses Ortsgedächtnis verfügen.

Andere Verhaltensforscher und Verhaltensforscherinnen gehen wiederum davon aus, dass Eichhörnchen ihre Vorratskammern eher durch Zufall wiederfinden – und zwar, indem sie systematisch alle möglichen ihnen geeignet erscheinenden Orte absuchen.

Fakten zu Eichhörnchen

- Eichhörnchen halten keinen Winterschlaf, verbringen die kalte Jahreszeit aber dennoch ruhend in ihrem Nest (Kobel) – nur der Hunger treibt sie hin und wieder nach draußen.
- Eine Nuss zu knacken, will gelernt sein: Junge Eichhörnchen brauchen dafür am Anfang bis zu einer Viertelstunde.
- Die Farbe des Eichhörnchens ist an seinen Lebensraum angepasst: In Laubwäldern lebende Tiere sind leuchtend rotbraun – andere, die in dichten Nadelwäldern leben, sind dunkler.

WIE lange schläft der Siebenschläfer?

Der Name des Siebenschläfers erinnert uns daran, dass er – im Vergleich zu anderen Tieren – einen besonders langen Winterschlaf hält. In Deutschland schläft er etwa von September bis Juni in einer unterirdischen Höhle, also deutlich mehr als die Hälfte eines Jahres – und meistens länger als sieben Monate.

Weil aber jeder Siebenschläfer ein bisschen anders tickt und anderen Umweltbedingungen ausgesetzt ist, kann der Winterschlaf bei manchen Tieren auch länger oder kürzer sein. Meist dauert er um die acht Monate. Im Extremfall kann er auch bis zu elf Monate dauern, vor allem in Jahren, in denen die Tiere wenig Nahrung finden.

Siebenschläfer erwachen in der Regel, wenn sich die Tagestemperaturen konstant über 20 Grad halten. Ist der Winter sehr kurz oder sehr mild, fällt der Winterschlaf auch mal kürzer aus. Erwacht der Siebenschläfer früher als „normal", kann er als Nesträuber zur Gefahr für höhlenbrütende Singvögel wie Kohl- und Blaumeise oder Kleiber werden, weil sich Aufwach- und Brutzeit stärker überschneiden.

Siebenschläfer

GRÖSSE Körper 12 bis 18 cm, Schwanz 11 bis 15 cm lang

MERKMALE graubraunes Fell; mausähnlicher Kopf und Körper; lange Schnurrhaare; langer, buschiger Schwanz; große, schwarz umrandete Augen

LEBENSWEISE nachtaktiv; verschläft den Tag in Baumhöhlen, Erdlöchern oder Nistkästen, wo das Weibchen im Sommer auch die vier bis sechs Jungen aufzieht; hält seinen langen Winterschlaf aber in der Regel unter der Erde; kann bis zu 14 Jahre alt werden

WISSENSWERTES klebrige Sohlenballen, die wie Saugnäpfe funktionieren, wodurch er senkrecht klettern kann, zum Beispiel einen Baum hinauf; kann bei Gefahr, wenn ihn ein Feind am Schwanz packt, seine Schwanzhaut samt Haaren abwerfen; die Schwanzwirbel fallen später ab, um den Stummel herum wachsen Haut und Fell nach

NAHRUNG Baumfrüchte (vor allem Bucheckern), Beeren, Triebe, Knospen, Blätter; auch Insekten, Jungvögel und Eier

Steckbrief

Schon gewusst?!

Der Siebenschläfer gehört wie auch der Gartenschläfer und die Haselmaus zur Familie der Bilche, die auch Schlafmäuse genannt werden. Warum nur …?

WARUM gibt es im Winter so viele Maulwurfshügel ...

Dass im Winter mehr Maulwurfshügel auftauchen, liegt daran, dass der Maulwurf bei Bodenfrost tiefer graben muss als in den wärmeren Jahreszeiten. Ihr kennt das aus der Sandkiste: Je tiefer ihr ein Loch buddelt, desto höher wird der Sandhaufen daneben. Genauso ist es auch beim Maulwurf – es fällt mehr Bauschutt an. Außerdem werden Wiesen und Rasenflächen im Winter weniger gepflegt und die Maulwurfshügel fallen mehr auf.

Der Maulwurf hält weder Winterschlaf noch richtige Winterruhe. Er geht aber ins Energiesparprogramm und fährt seine Atmung und Körpertemperatur etwas herunter. Dennoch muss er auch im Winter auf der Suche nach Nahrung ständig buddeln. In der warmen Jahreszeit gräbt ein Maulwurf etwa zehn bis maximal 80 Zentimeter tief. Weil der Boden im Winter in den oberen Erdschichten aber oft gefriert, verlegt er seine Bauarbeiten bei Frost in tiefere Bodenschichten. Um auch im Winter genügend Nahrung wie Würmer und Larven zu finden, verzieht er sich bis zu einen Meter tief in den Boden. Die ausgehobene Erde muss er aber irgendwo lassen. Um sie aus dem Weg zu schaffen, schiebt er die Erde mit der Nase nach oben, wo sie sich zu den typischen Haufen auftürmt. Weil im Winter mehr Aushub anfällt, gibt es auch mehr Maulwurfshügel.

Schon gewusst?!

Ein Maulwurf zieht im Jahr mindestens zweimal um: Sowohl das höher gelegene Sommernest als auch die tiefer gelegene Winterburg mit Wohn- und Vorratskammer befinden sich direkt unter dem größten seiner Hügel, der „Maulwurfsburg“ genannt wird.

Obwohl viele Menschen die kleinen Erdhaufen lästig finden, sind sie ein gutes Zeichen. Sie zeigen, dass der Boden gesund ist. Denn Maulwürfe sind ausgesprochene Nützlinge: Sie lockern nicht nur den Boden auf, sondern vertilgen auch Schädlinge wie Schnecken und deren Larven, Asseln und Engerlinge. Deshalb ist der Maulwurf auch per Gesetz geschützt und darf nicht gestört, verletzt oder getötet werden.

Achtung

… und sind Maulwürfe wirklich blind?

Jein! Der Maulwurf hat zwar Augen, aber sie sind so winzig und im Fell versteckt, dass er tatsächlich fast nichts sieht. Mit seinen Augen kann er nur hell und dunkel voneinander unterscheiden. Dafür sind seine anderen Sinnesorgane aber umso leistungsstärker: Er kann hervorragend tasten, riechen und hören.

Die Sinne des Maulwurfs sind an das Leben im Untergrund perfekt angepasst. Während gute Augen unter der Erde eher nachrangig sind, sind Tast-, Geruchs- und Hörsinn überlebenswichtig. Dank seiner guten Ohren hört der Maulwurf die Würmer durch seine Gänge kriechen oder eine Larve hineinfallen und schlägt dann blitzschnell zu. Über Tasthaare an seiner langen Nase und am Schwanz spürt er schon kleinste Erschütterungen. Außerdem ist die Haut an seiner Rüsselnase mit einem speziellen Sensorsystem ausgestattet, das nur Maulwürfe haben und mit dem er elektrische Reize wahrnehmen kann (Eimersches Organ). Durch seine großen Nasenlöcher sowie seinen guten Geruchssinn kann er seine Beute sogar räumlich orten – wie mit einem Navigationsgerät.

Zahlen zu Maulwürfen

10 STUNDEN ohne Nahrung würde ein Maulwurf nicht überleben.

CIRCA 100 GRAMM Insekten, Würmer und Kleintiere vertilgt der kleine Vielfraß an einem Tag, das entspricht etwa seinem eigenen Körpergewicht.

BIS ZU 37 KILOGRAMM Frischfleisch sind das pro Jahr.

Europäischer Maulwurf

GRÖSSE 13 bis 15 cm, Schwanz 2,5 bis 4 cm
GEWICHT 60 bis 120 g
MERKMALE glänzendes dunkelgraues Fell; länglicher, walzenförmiger Körper; schaufelartige Hände mit nach außen gedrehten Handflächen; lange, rüsselartige Schnauze; zwitschert vogelähnlich oder zischt
LEBENSWEISE lebt in bis zu 200 Meter langen unterirdischen Gängen; bringt im Sommer bis zu sechs Junge zur Welt, die nackt und blind geboren werden und in einer Nestkammer mit mehreren Ein- und Ausgängen aufgezogen werden
NAHRUNG Regenwürmer, Insekten und Insektenlarven, Schnecken, Kleintiere wie junge Mäuse

Steckbrief

Insekten beim Überwintern helfen

In unseren eigenen Gärten können wir den Tieren die Suche nach einem geeigneten Winterversteck erleichtern, wenn wir ein paar Dinge beherzigen, vor allem, indem wir den Garten etwas „wild“ lassen (siehe Seite 158/159).

Schon gewusst?!

Einige Insekten, zum Beispiel Marienkäfer, produzieren in ihrem Blut eine Art körpereigenes Frostschutzmittel, das verhindert, dass sie bei Minusgraden erfrieren (ähnlich machen es manche Pflanzen, siehe Seite 140).

WO sind die Insekten im Winter?

Im Sommer summt, flattert und krabbelt es draußen überall, im Winter lässt sich dagegen keine Hummel, kein Schmetterling oder Käfer blicken. Viele Insekten suchen sich im Herbst ein frostsicheres Versteck zwischen Steinen, in Holzritzen, unter Baumrinde, in Höhlen, Erdlöchern, Pflanzen, im Laub oder auch in Gebäuden und fallen in Kältestarre. Im Frühling kommen sie dann wieder zum Vorschein. Andere überwintern in verschiedenen Stadien ihrer Entwicklung – zum Beispiel als Ei, Larve, Puppe oder Raupe.

Insekten sind wechselwarme Tiere. Das bedeutet, dass sich ihre Körpertemperatur an die Außentemperatur angleicht. Wird es draußen kalt, kühlt ihr Körper ab und die Tiere können sich kaum noch bewegen – ihnen geht es dann ähnlich wie euch, wenn eure Finger vor Kälte ganz steif werden. Für die Zeit ihrer Kältestarre brauchen die Insekten ein sicheres Versteck, in dem sie sowohl vor Frost als auch vor ihren Feinden geschützt sind.

WAS machen Bienen im Winter?

Wie Bienen überwintern, ist vor allem von ihrer Art abhängig. Honigbienen setzen auf „Gruppenkuscheln“ und bilden im Bienenstock eine Wintertraube, in der sie sich gegenseitig warm halten und von ihren Vorräten leben. Wildbienen überwintern unter der Erde oder in Baumhöhlen.

HONIGBIENEN bilden mehrjährige Völker und überwintern im Bienenstock. Die Bienen, die wir im Sommer fliegen sehen, sind aber andere als die, die im Winter leben. Die Winterbienen schlüpfen im Herbst und werden deutlich älter als die Sommerbienen aus dem Frühjahr.

WINTERBIENEN halten sich hauptsächlich im Stock auf, wo sie eine Gruppe (Traube) bilden, in deren Mitte die Königin sitzt. Außer ihr leben im Winter nur Arbeiterinnen. Männliche Bienen (Drohnen) und Nachwuchs gibt es nur im Sommer. Die Arbeiterinnen am äußeren Rand der Wintertraube halten das Innere durch „Zittern“, genauer gesagt durch Flügelbewegungen, warm und wechseln sich regelmäßig ab. So können Honigbienen ihr Zuhause auf bis zu 30 Grad Celsius aufheizen – auch bei Minusgraden. Außerdem fahren sie ihren Stoffwechsel herunter und brauchen genügend Vorräte für den Winter, also Honig oder ein vom Menschen eingesetztes Ersatzprodukt wie Zuckerwasser (siehe Seite 68). Damit sie nicht so oft „rausmüssen“, sammeln sie ihren Kot in einer Kotblase, die sie später draußen entleeren, wenn die Außentemperaturen zweistellig sind.

WILDBIENEN nutzen ganz andere Überwinterungsstrategien. Die meisten von ihnen bilden keine Völker und leben nur einjährig. Es überwintern entweder nur die Jungköniginnen, gut versteckt in Kältestarre, oder der Nachwuchs als Larve oder Puppe (siehe Seite 158).

HONIGBIENEN IN WINTERTRAUBE

Zahlen zu Honigbienen

BIS ZU 50.000 BIENEN leben im Sommer in einem Bienenstock, im Winter sind es nur etwa 20.000.

CIRCA 25 GRAD CELSIUS herrschen im Winter in einem Bienenstock, manchmal auch weniger. Es wird aber nie kälter als 10 Grad Celsius.

Bei Temperaturen über **10 GRAD CELSIUS** und Sonne fliegen die Winterbienen zu Reinigungsflügen aus, bei denen sie Kot absetzen und trinken.

BIS ZU 10 MONATE können Winterbienen alt werden. Sommerbienen werden wegen des anstrengenden Umherfliegens nur etwa sechs Wochen alt.

Wer überwintert wo?

TIERHILFE IM WINTER

Naturbelassene Flächen und naturnahe Gärten mit Bäumen, Sträuchern, Laubhaufen, Steinhaufen und Mauern, Teichen und Tümpeln sind die beste Unterstützung für Insekten, Reptilien, Amphibien und kleine Säugetiere im Winter.

Tagfalter

WER? Falter (Tagpfauenauge, Zitronenfalter), Raupe (Hauhechel-Bläuling), Puppe (Schwalbenschwanz, Kohlweißlinge) oder Ei (einige Perlmutt- und Zipfelfalter)
WO? Als Falter in Pflanzen, Gebäuden (Schuppen, Keller, Dachboden …) oder im Holzstapel; als Raupe im Boden oder unter Baumrinde; als Puppe an Pflanzenstängeln oder Gräsern; als Ei direkt an oder in der Nähe der Raupenfutterpflanzen, zum Beispiel Brennnesseln

Schon gewusst?!

Wie bei den Vögeln gibt es auch unter den Schmetterlingen welche, die die Kälte so gar nicht mögen und daher lieber in den Süden ziehen, zum Beispiel der Distelfalter. Sie werden Wanderfalter genannt.

Hummeln, Wespen und Hornissen

WER? Begattete Jungköniginnen
WO? In Ritzen, Laubhaufen, im Boden, in Mauern und Steinspalten

Wildbienen

WER? Erwachsenes Tier, Larve oder Puppe
WO? In Nestern am oder im Boden, in Nisthilfen für Insekten, Pflanzenstängeln, Holzlöchern oder hohlen Ästen

Libellen, Käfer und Florfliegen

WER? Ei (Libelle), Larve (Laufkäfer, Libelle) oder erwachsenes Tier (Florfliege, Laufkäfer, Marienkäfer, Winterlibelle)
WO? Unter und über Wasser an Pflanzen (Libelle); im Laub- oder Komposthaufen, in Mauerritzen oder Gebäuden (Florfliege und Käfer)

Kleine Säugetiere

WER? Fledermaus, Igel, Gartenschläfer, Haselmaus und Siebenschläfer
WO? Unter der Erde (Siebenschläfer, Haselmaus); im Laub- oder Holzhaufen (Igel, Haselmaus), in Felsspalten, Höhlen, alten Bäumen, Nistkästen oder Gebäuden (Fledermaus, Gartenschläfer, Haselmaus)

Amphibien und Reptilien

WER? Blindschleiche, Ringelnatter, Eidechse, Frosch, Kröte und Molch
WO? Im Kompost- oder Laubhaufen (Frosch, Kröte, Blindschleiche, Ringelnatter); im Sand (Eidechse); im Holzhaufen, unter Steinen, Baumwurzeln oder in Trockenmauern (Frosch, Molch, Kröte, Blindschleiche, Eidechse)

Tipps für einen artenreichen Garten

Nicht aufräumen! Im Laub überwintern Insekten, Igel und andere Kleintiere. Stehen gelassene Pflanzenstängel oder abgestorbene Pflanzen sind ein sicheres Versteck für Insekten, ihre Eier, Raupen oder Larven. Wildkräuter („Unkraut“) könnt ihr ruhig mal blühen lassen – für die Artenvielfalt!

Hecken, Gräser und Sträucher erst im Frühjahr schneiden! Hier überwintern zum Beispiel Schmetterlingsraupen. Außerdem dienen sie als Versteck für Vögel und kleine Säugetiere.

Heimische Wildsträucher pflanzen! Sträucher und Bäume wie Schlehe, Felsenbirne, Eberesche und Pfaffenhütchen sind im Winter Snackbar und Versteck für zahlreiche Vogelarten und zugleich Motel für Klein- und Krabbeltiere.

Vögel füttern erlaubt! In der kargen Winterzeit freuen sich unsere Gartenvögel über fettreiches Körnerfutter wie Nüsse und Sonnenblumenkerne.

Trockenmauern, Stein- und Holzhaufen anlegen! Sie dienen als Versteck, Nistplatz und Überwinterungsquartier für zahlreiche Insektenarten und Amphibien wie Molche.

Gefahren entschärfen! Auf Gift und Schädlingsbekämpfungsmittel verzichten. Spiegelnde Fensterscheiben (Gefahr für Vögel) mit speziellem Glas oder Klebefolie ausstatten, Regentonnen abdecken (Gefahr des Hineinfallens und Ertrinkens), Nester und Nistkästen vor Katzen und Mardern schützen, torffrei gärtnern zum Schutz der Moore.

EXTRATIPP
Die Mischung könnt ihr auch in Sandförmchen gießen, sie nach dem Erkalten herauslösen und die Formen an Bäumen befestigen.

Vogelfutter selber machen

An Futterstellen könnt ihr Vögel am besten beobachten. Beim Füttern müsst ihr darauf achten, dass das Futter vor Wind und Regen geschützt ist, nicht schimmelt und sich für die Tiere eignet.

IHR BRAUCHT zu gleichen Teilen Vogelfutter und Fett (pflanzliches, zum Beispiel Kokosfett, oder tierisches Fett wie Rindertalg oder Schweineschmalz), etwas Sonnenblumen- oder Rapsöl

SO GEHT'S Gebt das Fett in einen Topf und erhitzt es vorsichtig, bis es flüssig geworden ist. Ein paar Tropfen Öl dazu verhindern, dass das Fett später bröselig wird. Mischt dann das Vogelfutter unter und lasst alles etwas abkühlen. Wollt ihr Behälter wie Futterglocken damit füllen, könnt ihr dies im noch flüssigen Zustand tun – für Knödel oder Stangen muss die Fett-Körner-Mischung schon wieder etwas fester geworden, aber noch gut formbar sein. Vorm Verfüttern vollständig erkalten und fest werden lassen.

ACHTUNG Knödel lieber ohne Netze aufhängen. Diese sind unnötiger Müll und außerdem können die Vögel darin mit ihren Füßen hängen bleiben und sich verletzen.

TIPP Stattdessen könnt ihr Drahtgeflechte benutzen oder dünne biegsame Zweige zu einem Knödelhalter zusammenflechten. Auch aussortierte Küchenhelfer wie ein Schneebesen oder Sieb sind gut geeignet.

WEITERE IDEEN für selbst gemachtes Vogelfutter und DIY-Futterspender sowie Wissenswertes zur Vogelfütterung findet ihr hier:

WARUM *frieren wir*?

Anders als anderen Säugetieren und unseren Vorfahren fehlt uns das dicke Fell. Deshalb müssen wir uns im Winter warm anziehen. Wenn unsere Körpertemperatur zu niedrig ist, fangen wir an zu frieren. Die Nervenzellen unserer Haut bemerken die Kälte als Erstes und schicken so etwas wie Nachrichten (Signale) an unser Gehirn: „Achtung, hier ist es kalt!" Frieren ist also eine natürliche Reaktion unseres Körpers, um uns zu warnen und vor Auskühlung zu schützen.

Bei einer Temperatur von etwa 37 Grad Celsius funktioniert unser Körper am besten. Deshalb versucht er, diese zu halten. Bei Kälte wird mehr Blut in lebenswichtige Organe wie Herz und Lunge gepumpt, um diese vor Unterkühlung zu schützen. Dafür werden äußere Körperteile weniger stark durchblutet. Dort ziehen sich die Blutgefäße unserer Haut zusammen, wodurch weniger warmes Blut durch die äußeren Hautschichten fließt. Deshalb frieren wir meist zuerst an hervorstehenden oder unbedeckten Körperstellen wie Händen, Füßen und Gesicht.

Oft beginnen auch unsere Muskeln zu zittern, wenn uns kalt ist. Das passiert ganz von allein und wir können es nicht kontrollieren. Auch dahinter steckt eine kluge Strategie unseres Körpers: Wenn Muskeln zittern, erzeugen sie Wärme – ein Trick, den auch die Honigbienen im Winter nutzen (siehe Seite 157).

ACHTUNG

Langsam auftauen!

Kommt ihr durchgefroren nach Hause, solltet ihr euch nicht gleich unter die heiße Dusche stellen oder eure steif gefrorenen Hände mit sehr warmem Wasser waschen. Wird der Körper zu plötzlich erhitzt, kann der Blutkreislauf gestört und ein Schock ausgelöst werden. Besser ist es, lauwarmes Wasser zu verwenden und beim Baden oder Duschen die Wassertemperatur nach und nach zu erhöhen. So kann sich euer Körper langsam und stressfrei an die höheren Temperaturen gewöhnen.

Schon gewusst?!

Die Haut ist unser größtes Organ. Sie schützt unseren Körper vor äußeren Einflüssen, reguliert durch Schwitzen oder Frieren die Körpertemperatur, ist ein Wasserspeicher und kann – zum Beispiel mit einer Gänsehaut – Gefühle und äußere Reize sicht- und fühlbar machen.

WARUM bekommen wir bei Kälte eine Gänsehaut?

Frieren wir, zieht sich unsere Haut zusammen und die feinen Körperhaare (unser „Fell") stellen sich mithilfe kleiner Muskeln automatisch auf, damit weniger Wärme über die Haut verloren geht. Unsere Haut sieht dann aus wie die einer Gans, wenn sie die Federn aufstellt oder ihr jemand an den Federn zieht. Deshalb sagen wir: Wir bekommen eine Gänsehaut.

8+

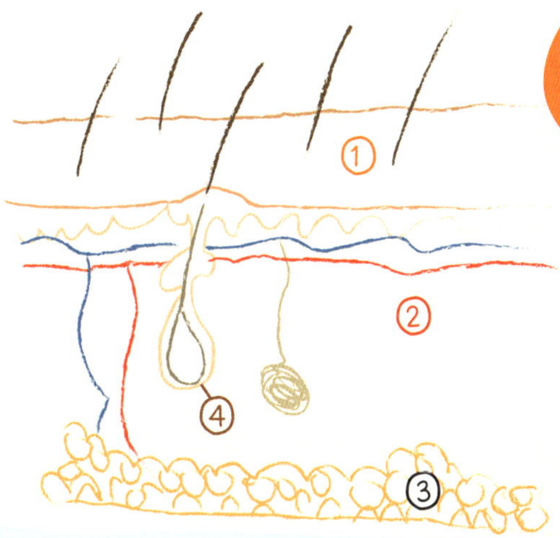

Der Aufbau unserer Haut

Außen befindet sich die eher dünne Oberhaut (Epidermis), die aus Hautzellen besteht (1). Darunter liegt die Lederhaut (Dermis oder Corium) mit Blut- und Lymphgefäßen, Nerven, Haarbälgen sowie Schweiß- und Talgdrüsen (2). Darunter ist die Unterhaut (Subcutis), die aus Fettzellen besteht (3). In der mittleren Lederhaut wird unter anderem die Körpertemperatur gesteuert: Bei Wärme produzieren die Schweißdrüsen Schweiß. Bei Kälte sorgen winzige Muskeln an den Haarbälgen dafür, dass sich die Haare automatisch aufstellen (4).

Die Gänsehaut ist eine Schutzreaktion unseres Körpers auf Kälte, aber auch Angst oder Aufregung. Neben dem Zusammenziehen der Haut werden die Blutgefäße verengt, damit der Körper so wenig Wärme wie möglich verliert.

Wie leicht eine Person Gänsehaut kriegt, ist von Mensch zu Mensch verschieden. Im Gesicht, an Händen und Füßen können wir keine Gänsehaut bekommen. Nur ganz wenige Menschen spüren hier einen leichten Hauch davon. Im Gesicht befindet sich weniger Körperbehaarung, sodass sich die Muskeln an den Haarwurzeln zurückgebildet haben. An Handflächen und Fußsohlen ist die Haut unbehaart und grundsätzlich anders aufgebaut als am restlichen Körper.

WARUM läuft die Nase, wenn es kalt ist?

Unsere Nase ist die erste Anlaufstation für Luft von außen. Sie reinigt, befeuchtet und erwärmt die eingeatmete Luft. Damit das Innere der Nase nicht austrocknet, produziert sie ständig Schleim (Nasensekret). Kälte wirkt dabei wie ein Verstärker – denn kalte Luft kann weniger Feuchtigkeit aufnehmen als warme und trocknet in einer warmen Umgebung besonders schnell aus. Darauf reagiert unsere Nase mit vermehrter Schleimproduktion. Deshalb läuft sie im Winter besonders stark, wenn wir von draußen aus der Kälte nach drinnen ins Warme kommen.

Schon gewusst?!

Auch beim Essen von scharfen Speisen und beim Sport werden die Schleimhäute stärker durchblutet, wodurch es kurzfristig zu einer laufenden Nase kommen kann. Vom Weinen kriegen wir oft eine verstopfte Nase, was aber daran liegt, dass der Tränenkanal aus dem Auge in der Nase endet und die überschüssige Tränenflüssigkeit dorthin „entsorgt" wird.

Es gibt aber noch weitere Gründe, warum die Nase in der kalten Jahreszeit besonders viel läuft. Eine wichtige Aufgabe der Nase ist es, eingeatmete Luft von Schmutz und Keimen zu befreien. Auch um diese schädlichen Dinge schnell wieder nach draußen zu befördern, produziert die Nasenschleimhaut zusätzliches Nasensekret. Durch das Einatmen von kalter Luft kann die Schleimhaut an der Innenseite der Nase außerdem gereizt werden. Darauf reagiert sie ebenfalls mit der Produktion von Schleim, um die Nase feucht und warm zu halten.

Die Nase sorgt außerdem dafür, dass die eingeatmete kalte Luft sich erwärmt, bevor sie in die Lunge gelangt. Damit schützt sie die Atemwege vor Kälte. Beim Kontakt mit kalter Luft weiten sich die Blutgefäße in der Nase aus und das warme Blut gibt Wärme an die Luft ab. Durch das Anschwellen der Blutgefäße, hat die Flüssigkeit in der Nase weniger Platz, fließt nach vorne und läuft raus. Egal, aus welchen Gründen – diese Art von „Schnupfen" ist zwar lästig, zum Glück aber völlig harmlos.

STIMMT'S?

Erkältung kommt von Kälte

Nein. Auch wenn Eltern gerne sagen: „Zieh dir was an, sonst erkältest du dich!" – durch Kälte allein bekommt niemand Husten und Schnupfen. Denn krank macht nicht die Kälte, sondern Viren und Bakterien. Diese winzig kleinen Krankheitserreger können sich in der kalten Jahreszeit aber besser ausbreiten als im Sommer.

Dass jeden Herbst und Winter wieder Erkältungshochsaison herrscht, hat mehrere Gründe: Erstens fühlen sich Viren bei trockener, kühler Luft wohler als bei warmer, feuchter Luft. Sie überleben also länger. Dadurch erhöhen sich ihre Chancen, auf menschliche Schleimhäute zu treffen, auf denen sie sich ansiedeln können. Zweitens halten wir uns im Winter in geschlossenen, oft stickigen Räumen auf. Drinnen ist die Ansteckungsgefahr höher als draußen. Drittens werden unsere Schleimhäute, beispielsweise in der Nase, anfälliger für Viren und Bakterien, wenn sie austrocknen – zum Beispiel durch Heizungsluft. Viertens wird der Körper bei Kälte schlechter durchblutet. Dadurch sind weniger von den im Blut befindlichen Abwehrzellen (Immunzellen) in unserem Körper unterwegs.

Die Schleimhäute können anfälliger für Krankheitserreger sein, wenn sie stark auskühlen. Kalte Luft kann (!) dem Körper die Arbeit gegen die Erkältungsviren also erschweren. Doch selbst die Annahme, dass gesunde Menschen, wenn sie frieren und gleichzeitig Viren in der Nähe sind, eher krank werden, konnte wissenschaftlich bisher nicht sicher nachgewiesen werden.

WARUM *machen Menschen keinen Winterschlaf …*

Anders als manche Tiere (siehe Seite 22) müssen wir keinen Winterschlaf halten, um zu überleben. Viele von uns leben in warmen Häusern und dank moderner Landwirtschaft und Supermärkten haben wir das ganze Jahr über genug zu essen. Es ist aber nicht ganz ausgeschlossen, dass unsere Vorfahren so etwas wie Winterschlaf gehalten haben.

Wissenschaftler und Wissenschaftlerinnen streiten noch darüber, ob unser Körper grundsätzlich zum Winterschlaf in der Lage wäre. Fest steht aber, dass er für uns Menschen heute keinen Nutzen mehr hätte. Dazu kommt, dass wir das ganze Jahr über Aufgaben und Verpflichtungen haben. Wir müssen zur Schule oder arbeiten gehen.

Moderne Technologie hilft uns, den Winter gut zu überstehen. Wir Menschen haben bestenfalls warme Kleidung, Heizungen in unseren Häusern und andere Dinge, die uns warm halten – und außerdem keine natürlichen Feinde. Das bedeutet, dass wir uns nicht wie die Tiere verstecken müssen, sondern den Winter in vollen Zügen genießen können. Sonst würden wir auch so einiges verpassen: Schlittenfahren, Schneeballschlachten, so manch eine Geburtstagsparty und Feste wie Weihnachten.*

*Für die Erwachsenen

Wir sind uns natürlich bewusst, dass wir hier von unserer privilegierten Gesellschaft sprechen. Leider gibt es auf der ganzen Welt – auch in Deutschland – Menschen und insbesondere auch Kinder, die nicht genug zu essen haben, Hunger leiden und im Winter frieren. Wir möchten es aber euch überlassen, ob ihr das Thema Hunger und Kinderarmut im Rahmen dieses Gedankenspiels besprechen möchtet oder lieber in einem anderen Zusammenhang beziehungsweise zu einem anderen Zeitpunkt.

FÜR DIE GANZE FAMILIE

Gedankenspiele

Wenn ihr Lust habt, denkt doch mal gemeinsam ein bisschen weiter und stellt euch die Frage noch mal unter anderen Voraussetzungen. Was wäre zum Beispiel, wenn …

… wir Nahrungsdepots für den Winter anlegen müssten: Was muss da rein?

… es keine Flugzeuge und Frachter gäbe, die unser Essen durch die ganze Welt transportieren?

… und keine Supermärkte, in denen wir ständig einkaufen können?

… der Klimawandel weiter fortschreitet und das Wasser knapp wird oder zu heiße Sommer die Ernte verderben?

… sind im Winter aber trotzdem häufig müde?

Viele Erwachsene fühlen sich im Winter schlapper, haben schlechtere Laune oder weniger Lust, etwas zu unternehmen. Dafür gibt es – wie auch bei der Frühjahrsmüdigkeit (siehe Seite 37) – verschiedene Gründe: weniger Tageslicht, fehlende Vitamine, ungemütliches Wetter, das falsche Essen oder eine Verschlechterung des Schlafes (zum Beispiel durch trockene Heizungsluft).

Im Winter sind die Tage kürzer und es gibt weniger Sonnenlicht. Weil unser Körper dadurch mehr Schlafhormon produziert, kann es sein, dass wir schlapp und müde sind. Weniger Sonne bedeutet auch weniger Vitamin D. Denn Sonnenlicht hilft dem Körper, es herzustellen. Da wir im Winter weniger Sonnenlicht abbekommen, kann das zu einem Vitamin-D-Mangel führen, durch den wir uns ebenfalls müde fühlen.

Im Winter ist es oft kalt und ungemütlich draußen. Da fällt es schwerer, sich zu bewegen und aktiv zu sein. Weniger Bewegung kann ebenfalls zu Müdigkeit führen. Manche Menschen ernähren sich im Winter auch ungesünder – statt frisches Obst und Gemüse essen viele mehr fetthaltige und kalorienreiche Lebensmittel. Auch das kann zur Folge haben, dass wir uns träge fühlen und weniger Energie haben. Ob jemand wintermüde ist oder nicht, hängt sehr von der jeweiligen Person und ihrer Lebensweise ab.

8+

Tipps gegen Wintermüdigkeit und Winterblues

RAUS AN DIE FRISCHE LUFT Auch wenn es euch bei kaltem Schmuddelwetter manchmal Überwindung kostet: Bewegung an der frischen Luft vertreibt Müdigkeit und schlechte Laune!

SPORT MACHEN Im Winter bewegen wir uns oft automatisch weniger. Durch gezielte Sport- und Bewegungseinheiten können wir gegensteuern.

RICHTIGE ERNÄHRUNG Frisches Obst und Gemüse (siehe Seite 146/147) sollte täglich auf dem Speiseplan stehen. Wichtig: Genügend Wasser trinken! Unsere Wachmacher-Bällchen aus dem Frühling helfen auch im Winter (siehe Seite 37).

EXTRA-KUSCHELZEITEN Im Winter könnt ihr ruhig noch mal eine Kuscheleinheit mehr einlegen … vielleicht in Kombination mit einem Vorlesebuch, einer muckeligen Decke und einer Tasse Kakao?! Bei angenehmem Körperkontakt schüttet unser Gehirn Glückshormone aus und das hebt zumindest die Stimmung!

KRAFT TANKEN Sich – wie die Tiere – an den Rhythmus der Jahreszeiten anzugleichen, ist eine weitere Strategie. Widmet euch doch ruhigeren Indoor-Projekten, die den Sommer über zu kurz gekommen sind: Gesellschaftsspiele spielen, basteln, malen, Bücher lesen, Hörspiele hören, Spiellandschaften aufbauen, Kekse backen und so viel mehr.

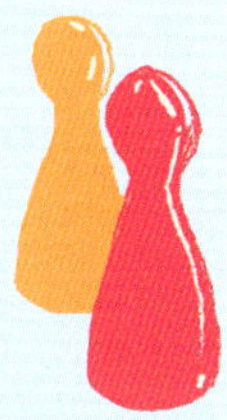

MEHR SCHLAF Das Schlafbedürfnis steigt in der dunklen Jahreszeit um 30 bis 60 Minuten. Wenn ihr am Abend früher müde seid als im Sommer, ist es also nicht verwerflich dann eben auch früher ins Bett zu gehen – oder, wenn möglich, einen Powernap am Mittag einzulegen.

WAS passiert im Winter auf dem Land?

In der kalten Jahreszeit senkt sich zwar eine Art Winterruhe über die Felder – der Landwirt oder die Landwirtin hat trotzdem alle Hände voll zu tun. Nur auf Höfen, die sich auf den Anbau von Wintergemüsesorten spezialisiert haben, ist Erntezeit. Andere bereiten im Winter das kommende Anbaujahr vor.

Stallarbeit und Tierpflege

Wenn Schafe, Rinder und Pferde im Winter hauptsächlich im Stall gehalten werden, erhöht sich die tägliche Arbeit rund um die Tiere: misten, füttern, für Bewegung sorgen und eventuell kranke Tiere behandeln (lassen) – die Bauernfamilie verbringt viel Zeit bei der Stallarbeit. Wenn die Tiere ganzjährig auf die Weide dürfen, muss jeden Tag jemand raus zu ihnen, sie füttern und schauen, ob es ihnen gut geht – bei Wind und Wetter.

Büroarbeit

Die Wintermonate sind eine gute Zeit, um liegen gebliebenen Papierkram zu erledigen – denn Büroarbeit fällt viel an, gerade auf großen Höfen. Ein moderner Bauernhof ist ein Wirtschaftsbetrieb – um genügend Geld mit dem Hof und den Produkten zu verdienen, muss sich der Landwirt oder die Landwirtin in Sachen Verwaltung und Betriebswirtschaft nahezu ebenso gut auskennen wie im Stall und auf dem Feld. Typische betriebswirtschaftliche Aufgaben auf einem Bauernhof sind: Einnahmen und Ausgaben im Blick behalten, Rechnungen schreiben oder bezahlen, Stall- und Bestandsbücher führen, Nachweise (zum Beispiel über verwendete Futtermittel) bei Behörden einreichen sowie den Markt (die Konkurrenz) und Preisentwicklungen (der Produkte) im Auge behalten.

Reparaturen und Instandhaltung

Auch in der Scheune wartet Arbeit: Die Maschinen werden gewartet und repariert. Der Trecker braucht Frostschutzmittel, damit er auch im Winter zuverlässig anspringt. Sofern Tiere darauf weiden, müssen Koppeln und Weidezäune auch im Winter ständig kontrolliert und in Schuss gehalten werden – besonders nach Stürmen und Schneefall gibt es da viel zu tun.

Schon gewusst?!

Der Acker mag es kalt. Wenn der Boden gefriert, dehnt sich das enthaltene Wasser aus und die Erde wird aufgelockert. Das wird „Frostgare“ genannt.

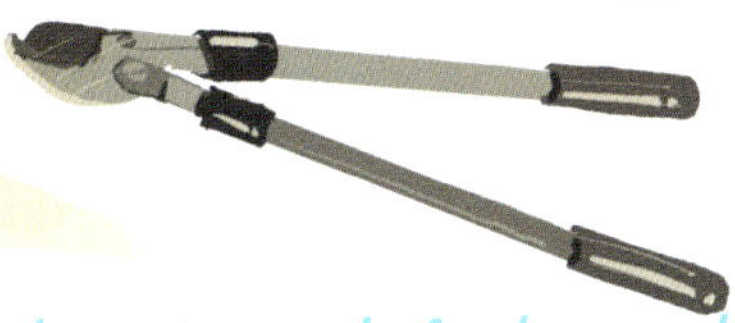

Baumschnitt und Anbauplan

Auf Obstplantagen steht zwischen Januar und März der Baumschnitt an, damit die Bäume im Frühling gut austreiben und im Sommer Früchte tragen. Manche Felder werden im Winter mit der Fräse beackert, wobei der Boden gelockert und von Unkraut befreit, aber nicht umgepflügt wird. Das erleichtert im Frühjahr die Aussaat. Außerdem müssen die Landwirte und Landwirtinnen das kommende Anbaujahr planen.

Arbeiten in der Landwirtschaft

8+

Wenn ich groß bin, werde ich …

„Grüne Berufe“, in denen ihr später mehr oder weniger auf dem Bauernhof arbeiten könnt:

LANDWIRT oder **-WIRTIN** Kümmert sich oft um alle Belange eines Hofes; spezialisiert sich häufig, zum Beispiel auf Rinderhaltung oder Gemüseanbau.

GÄRTNER oder **GÄRTNERIN** Kümmert sich um die Pflege, Aufzucht und den Verkauf von Pflanzen. Dabei gibt es verschiedene Fachrichtungen, zum Beispiel Gemüse-, Obst- oder Zierpflanzenbau.

FACHKRAFT AGRARSERVICE Kümmert sich um die Bedienung und Wartung von landwirtschaftlichen Maschinen. Auch Serviceleistungen und Beratung gehören zu den Aufgaben.

PFERDEWIRT oder **-WIRTIN** Kümmert sich auf Reiterhöfen und Pferdezuchtbetrieben je nach Fachrichtung um die Pflege, Bewegung, Haltung und Zucht von Pferden.

TIERWIRT oder **-WIRTIN** Kümmert sich in landwirtschaftlichen Betrieben um die Zucht, Pflege und Haltung von Nutztieren und spezialisiert sich dabei meist auf eine Tierart, zum Beispiel Rinder, Schweine, Geflügel, Schafe (Schäferei) oder auch Honigbienen (Imkerei).

PFLANZENTECHNOLOGE und **-TECHNOLOGIN** Führt auf Feldern, in Gewächshäusern und Laboren Versuche durch; entwickelt zum Beispiel neue Sorten oder verbessert Produktionstechniken. Arbeitet bei Pflanzenzüchtern, in Laboren oder Forschungsanstalten.

Mit und ohne Schnee

DRAUßENSPIELE FÜR DEN WINTER

Während sich die Frage „Was wollen wir spielen?" bei Schnee in der Regel gar nicht stellt, ist an schneefreien kalten Wintertagen draußen oft schnell die „Luft raus". Diese Draußenspiele tauen nicht nur kalte Füße auf, sondern machen auch richtig Laune!

Verstecken im Dunkeln

ANZAHL DER KINDER mindestens 2

VORBEREITUNG Nutzt die frühe Dämmerung im Winter für eine Runde Verstecken im Dunkeln. Bevor es losgeht, solltet ihr einen klaren Bereich, in dem das Spiel stattfindet, festlegen. Ihr könnt auch ein Not- oder Stoppsignal vereinbaren, falls ein Kind in der Dunkelheit Angst bekommt.

SO GEHT'S Nun startet ein klassisches Versteckspiel – ein Kind versteckt sich, das andere muss suchen. Seid ihr mindestens zu viert könnt ihr auch Zweiergruppen bilden oder es geht jeweils ein Erwachsener mit, sodass kein Kind allein losziehen muss. Je dunkler es wird, desto aufregender wird das Spiel!

TIPP Stattet die Kinder mit Taschenlampen oder Leuchtarmbändern aus.

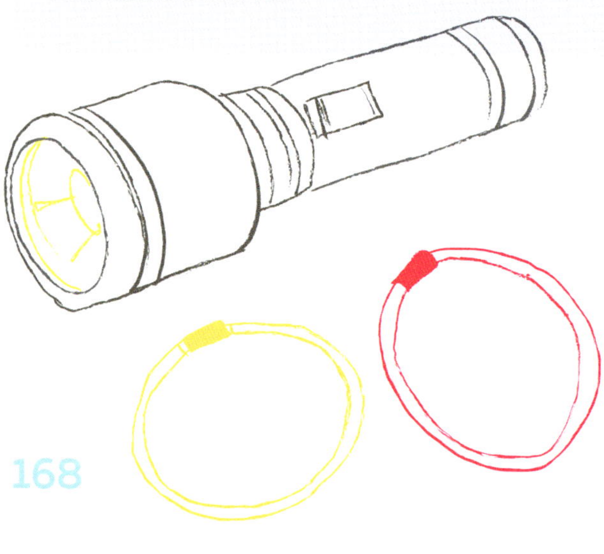

Eiskaltes Wettrennen

ANZAHL DER KINDER mindestens 2

VORBEREITUNG Füllt kleine Plastikbecher oder Sandförmchen mit Wasser und lasst es, zum Beispiel über Nacht, draußen gefrieren. Wenn vorhanden, könnt ihr als Schnellversion auch einfach Schnee in die Behälter geben.

SO GEHT'S Die Kinder versuchen, die Becher so schnell wie möglich über eine bestimmte Strecke zu transportieren, ohne dass das Eis schmilzt. Wer erreicht das Ziel am schnellsten und bei wem ist am wenigsten Eis oder Schnee geschmolzen?

TIPP Mit vier oder mehr Kindern könnt ihr Gruppen bilden und einen Staffellauf machen.

Winterliche Kostümparty

ANZAHL DER KINDER mindestens 2

VORBEREITUNG Macht einen großen Haufen aus Winterkleidung, winterlichen Kostümen und Accessoires, zum Beispiel Mänteln, Handschuhen, Mützen, Stiefeln und Skistöcken.

SO GEHT'S Zunächst stellt sich jedes Kind selbst ein Outfit zusammen. Anschließend präsentieren alle ihre Wintermode auf einem „Laufsteg".

TIPP Wer besonders kreativ sein möchte, bastelt sich Kostüme und Accessoires selbst, sodass vielleicht bald Schneemenschen, Eisprinzen und -prinzessinnen oder Skifahrer und Skifahrerinnen durch den winterlichen Garten flitzen.

VARIANTE Ihr könnt auch eine Jury bilden und Punkte vergeben. Außerdem kann die Modenschau natürlich auch drinnen stattfinden.

Bunte Schneemalereien

ANZAHL DER KINDER mindestens 1

IHR BRAUCHT Schnee, leere Sprühflaschen, natürliche Lebensmittelfarben, Wasser, gegebenenfalls stabile Schablonen

VORBEREITUNG Sprühflasche mit Lebensmittelfarbe füllen und diese mit Wasser mischen – am besten eine Flasche pro vorhandener Farbe.

SO GEHT'S Jetzt könnt ihr eurer Kreativität freien Lauf lassen und den Schnee in den buntesten Farben erstrahlen lassen! Wie wäre es zum Beispiel mit einem Regenbogen im Schnee oder einer Schneeballschlacht mit bunten Schneebällen?

TIPP Ihr könnt auch Schablonen für eure Schneekunstwerke nutzen oder unsere Kreidespiele (siehe Seite 94/95) in den Schnee malen.

WIE entsteht Nebel?

Nebel ist nichts anderes als eine Wolke direkt am Boden. Er entsteht, wenn es draußen kalt und die Luft feucht ist. Kalte Luft kann weniger Feuchtigkeit aufnehmen als warme. Deshalb wird Wasser abgegeben, das sich in viele kleine Tröpfchen verwandelt, die in der Luft schweben und die Sicht erschweren. Der Nebel verschwindet wieder, wenn die Luft wärmer wird, zum Beispiel weil die Sonne herauskommt.

Nebel bildet sich typischerweise bei klarem Himmel, wenn die Temperatur in Bodennähe stark sinkt. Das ist häufig der Fall, wenn die Tage im Herbst noch warm sind, es nachts aber schon sehr kühl wird, oder an milden Wintertagen mit kalten Nächten. Der Bodennebel breitet sich dann im Laufe der Nacht nach oben aus. Deshalb ist es morgens oft besonders nebelig.

Manchmal bildet sich auch Nebel, wenn warme, feuchte Luft auf eine kalte Oberfläche trifft. Ähnlich ist es, wenn ihr euren warmen Atem auf eine kalte Fensterscheibe pustet. Dort entstehen dann Wassertropfen. Draußen passiert dasselbe, wenn warme Luft auf den kalten Boden trifft.

Bergnebel

Der sogenannte Bergnebel bildet sich an höher gelegenen Hängen. Er entsteht, wenn Luftströme (1) auf den Berg prallen und dadurch abgelenkt werden (2). Sie strömen nach oben, kühlen sich ab und bilden Nebelschleier (3).

Mit Nebel gegen Wasserknappheit?!

Wissenschaftlerinnen und Wissenschaftler haben Techniken entwickelt, um aus Nebel Trinkwasser zu gewinnen. Dafür werden Nebelfänger (Nebelkollektoren) aufgestellt. Sie bestehen aus großen Netzen, die die Wassertröpfchen aus dem Nebel auffangen und sammeln. Die ersten Ergebnisse sind ziemlich vielversprechend – insbesondere für Weltregionen, in denen es selten regnet.

8+

Sättigung der Luft

Wasser ist nicht immer flüssig, sondern kann verschiedene Formen annehmen (Aggregatzustände). Es kann gasförmig (Wasserdampf) oder flüssig sein (Wasser), aber auch zu Eis (festes Wasser) gefrieren. Wie viel Wasser von der Luft aufgenommen werden kann, ist temperaturabhängig. Warme Luft kann grundsätzlich mehr Feuchtigkeit aufnehmen als kalte. Wenn sich warme Luft, die viel Wasserdampf (Luftfeuchte) enthält, abkühlt, kann die Luft nicht mehr so viel Wasser speichern und das Wasser geht von einem gasförmigen zum flüssigen Zustand über (Kondensation). Es bilden sich viele feine Tröpfchen, die sich in der Luft verteilen, sodass es nebelig wird. Die Luft hat dann einen Füllstand (Sättigung) von nahezu 100 Prozent, das heißt, mehr Feuchtigkeit kann sie nicht aufnehmen.

Fakten zu Nebel

- Nebel unterscheidet sich von einer Wolke nur durch seinen Bodenkontakt.
- Wenn Wolken im Gebirge Kontakt zum Boden oder zu den Hängen haben, wird daher auch von „aufliegender Bewölkung“ gesprochen.
- Ein einzelnes Nebeltröpfchen ist im Durchmesser kleiner als 0,1 Millimeter.

- Der Unterschied zwischen Nebel und Dunst liegt in der Sichtweite: Könnt ihr weniger als einen Kilometer weit sehen, heißt es Nebel. Könnt ihr einen bis acht Kilometer weit gucken, wird es als Dunst bezeichnet.
- Manchmal entsteht Nebel auch künstlich, entweder durch Überfüllung der Luft mit Wasser (Übersättigung) oder das Versprühen ganz feiner Flüssigkeit (Sprühnebel). Diese Art von Kunstnebel bildet sich zum Beispiel, wenn im Winter warme Abgase von Fabriken oder Fahrzeugen auf kalte Luft treffen.

- Eine Nebelmaschine, wie sie bei Konzerten, in der Disco oder im Theater zum Einsatz kommt, stellt künstlichen Nebel (Bühnennebel) durch das Verdampfen von sogenanntem Nebelfluid oder mithilfe von Trockeneis her.

WAS ist Schnee?

Wie Regen ist Schnee eine Form von Niederschlag – nur nicht aus flüssigem Wasser, sondern aus Eiskristallen. Beide Formen werden in den hohen Wolken gebildet, die aus Eisteilchen und Wasserdampf bestehen. Bei Minustemperaturen friert der Wasserdampf an den Eisteilchen fest und diese verbinden sich mit anderen in der Wolke umherwirbelnden Teilchen zu Schneeflocken. Wenn die zu schwer werden, fallen sie auf die Erde hinab. Ist es auch weiter unten kalt genug, kommen sie als Schnee bei uns an.

Schon gewusst?!

Eine einzelne Schneeflocke kann aus bis zu zehn Millionen Eiskristallen bestehen. Alle Schneeflocken haben eine sechsarmige Grundform mit Verästelungen – doch keine Schneeflocke gleicht ganz genau der anderen.

Liegt die Temperatur dort oben um null Grad (den Gefrierpunkt), entwickeln sich die größten Flocken. Ist es kälter, bleiben die Flocken etwas kleiner. Steigen die Temperaturen auf dem Weg zum Boden über den Gefrierpunkt, schmelzen die Eisteilchen und es regnet. Für Schnee muss die Temperatur in den hohen Luftschichten zwischen minus vier und minus 20 Grad liegen. Ist es noch kälter, sinkt die Wahrscheinlichkeit, dass es schneit, da die Luft dann zu trocken ist, um Eiskristalle zu bilden. Unten bleibt der Schnee nur liegen, wenn die Bodentemperatur ebenfalls unter null Grad liegt.

WARUM *fällt nicht öfter Schnee?*

Immer häufiger warten wir im Winter vergeblich auf Schnee. Selbst in den Bergen liegt oft nicht mehr ausreichend Schnee zum Rodeln oder Skifahren. Schuld daran ist vor allem der durch den Menschen gemachte Klimawandel. Er sorgt für wärmere Winter, in denen mehr Regen als Schnee fällt.

Neben dem Klimawandel gibt es weitere Gründe, die dazu führen, dass der Schnee ausbleibt oder auch mal erstaunlich viel fällt, zum Beispiel „normale" örtliche oder natürliche Schwankungen beim Wetter oder auch veränderte Umweltbedingungen wie der zunehmende Ausbau von Städten (Urbanisierung). Denn durch die Wärmeabstrahlung von Gebäuden und Straßen schmilzt der Schnee schneller.

Was macht ein milder Winter mit Pflanzen und Tieren?

Was für uns erst mal nur etwas traurig ist, weil wir keinen Schneemann bauen können, kann für Tiere und Pflanzen ein größeres Problem werden.

Unter den Tieren sind **KÄLTESPEZIALISTEN** wie der Alpenschneehase oder das Schneehuhn besonders bedroht. Ihr Fell und Federkleid verfärbt sich im Winter von braun zu weiß, damit sie im Schnee besser getarnt sind. Bleibt der Schnee aus, werden sie mit ihrem hellen Fell für Füchse und Greifvögel zu leichter Beute.

Tiere, die **WINTERSCHLAF** halten, können ihren Körper bei warmen Temperaturen möglicherweise nicht weit genug herunterfahren, um genügend Energie zu sparen, und verhungern im Schlaf – oder sie erwachen, bevor sie draußen Nahrung finden.

Auch den **INSEKTEN** können milde Winter Schwierigkeiten bereiten. Durch das eher warme und feuchte Klima steigt die Gefahr, dass überwinternde Larven von Schimmelpilzen befallen werden und den Winter nicht überstehen. Darunter leiden wiederum auch Vögel, die sich von den Insekten ernähren.

PARASITEN wie Zecken (Holzböcke) kommen leider oft gut damit zurecht: In kalten Wintern stellen sie eher keine Gefahr dar, weil sie ihre Aktivität einstellen. Früher ließen Zecken uns dadurch etwa von Oktober bis März in Ruhe, inzwischen stechen sie nahezu ganzjährig zu.

PFLANZEN fangen in wärmeren Wintern früher an auszutreiben. Kehrt der Frost dann doch noch mal zurück, ist das junge Pflänzchen ihm relativ schutzlos ausgeliefert. In der Landwirtschaft kann das zum Verlust der Ernte, in der Natur zum Aussterben von Arten oder fehlender Nahrung für Tiere wie Bienen und Hummeln führen. Blühen Pflanzen wiederum, bevor es Insekten gibt, werden sie zum Teil nicht bestäubt und tragen keine Früchte.

WIE kommt es zu Schneelawinen?

Skifahrer und Snowboarderinnen freuen sich, wenn es kräftig schneit und sie die frischen Pisten hinuntersuusen können. Allerdings ist gerade bei Neuschnee die Lawinengefahr besonders groß! Eine Lawine kann entstehen, wenn sich der Schnee am Hang nicht zu einer großen, gleichmäßigen Masse zusammenfügt, sondern sich mehrere Schneearten wie bei einer mehrstöckigen Torte übereinanderschichten. Bei einer Lawine geraten eine oder mehrere der Schichten ins Rutschen.

Eine Lawine kann sich selbst auslösen, wenn die Schneestruktur brüchig ist und der Druck zwischen den einzelnen Schichten zu groß wird. Sie kann aber auch von einem Menschen beim Wintersport angeschubst werden. Bei Neuschnee besteht ein erhöhtes Lawinenrisiko, weil sich die Schneeschichten nicht setzen können und viel Luft im Schnee eingeschlossen wird. Dann reicht bereits die kleinste Erschütterung und die Schneemasse rutscht wie auf einer Rutsche bergab.

Dass sich unterschiedlich beschaffene Schneeschichten bilden, hängt vom Wetter ab. Scheint beispielsweise am Tag die Sonne, wird es wärmer und die oberste Schneeschicht taut an. Kühlt es nachts dann wieder ab, gefriert das getaute Wasser und es bildet sich eine dünne Eisschicht. Fällt am nächsten Tag neuer Schnee kann sich dieser nicht mit dem darunter liegenden Schnee verbinden und liegt einfach obenauf.

Schon gewusst?!

Auf den ausgewiesenen Skipisten besteht in der Regel keine Lawinengefahr. An Stellen, wo es gefährlich werden kann, werden mithilfe von Sprengstoff absichtlich Lawinen ausgelöst, bevor die Piste befahren werden darf.

Schnee unter der Lupe

Schnee verändert sich: Neuschnee besteht aus filigranen Sternen (1), die sich nach ein paar Tagen zu runden Klümpchen abbauen (2). Daraus wachsen nach einigen Wochen neue Kristalle in Becherform (3). Wenn sich die Schneeschichten nicht miteinander verbinden, genügt wenig Druck, um eine Lawine loszutreten. Eine Schicht aus Becherkristallen ist am brüchigsten.

WIE *funktioniert eine Seilbahn* ?

Welche Technik hinter einer Seilbahn steckt, hängt von ihrer Art ab. Es gibt Standseilbahnen, bei denen die Wagen auf Schienen am Boden den Berg hinauffahren. Dann gibt es verschiedene Luftseilbahnen (Schwebebahnen), bei denen die Gondeln oder Lifte an Stahlseilen befestigt in luftiger Höhe hängen. Sie alle haben aber gemeinsam, dass sie von einem oder mehreren Seilen bewegt werden.

Bei Schwebebahnen fahren die Fahrzeuge, zum Beispiel Gondeln beziehungsweise Kabinen, Sessel, Bügel oder Teller, „im Kreis“ immer in dieselbe Richtung. Bei vielen Seilbahnen lassen sie sich an den Stationen mithilfe von Klemmen auskuppeln. Dadurch können die Fahrgäste in Ruhe ein- und aussteigen und müssen nicht schnell rein- oder rausspringen, wie ihr es vielleicht von kleinen Skiliften kennt. Dafür wird die Klemme geöffnet und löst sich vom Stahlseil. Die Gondel wird abgebremst und läuft langsamer auf Rollen in einem Schienensystem weiter, bis sie wieder fest mit dem Tragseil verbunden wird und Fahrtempo aufnimmt.

Technik einer Luftseilbahn

8+

1. ANTRIEB Zwischen den Stationen verläuft eine Seilschlaufe, deren Enden um eine liegende Drehscheibe gespannt sind. Auf einer der beiden Seilscheiben befindet sich ein Motor.

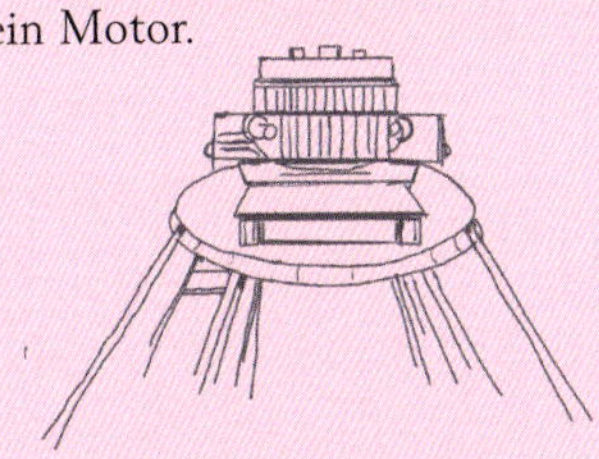

2. STÜTZE Damit das Tragseil auf längeren Strecken nicht zu sehr durchhängt, braucht eine Schwebebahn mehrere Stützen. Dafür werden riesige Schrauben in einem Betonfundament verankert. An besonders steilen oder windigen Stellen werden die Stütze zur Sicherheit zusätzlich mit Stahlseilen abgespannt.

3. ROLLENSYSTEM An den Stützen läuft das Seil über Rollen, bei manchen Stützen auch unterhalb der Rollen entlang, damit die Bahn nicht zu steil fahren muss oder die Gondel zu hoch hängt. Dafür muss das Seil an manchen Stellen unten gehalten werden.

4. SPLEIẞ Damit das Stahlseil knotenfrei bleibt und glatt über die Rollen laufen kann, werden seine Enden nicht miteinander verknotet, sondern die einzelnen Stränge verzwirbelt. Diese Art von Verbindung wird Spleißen genannt.

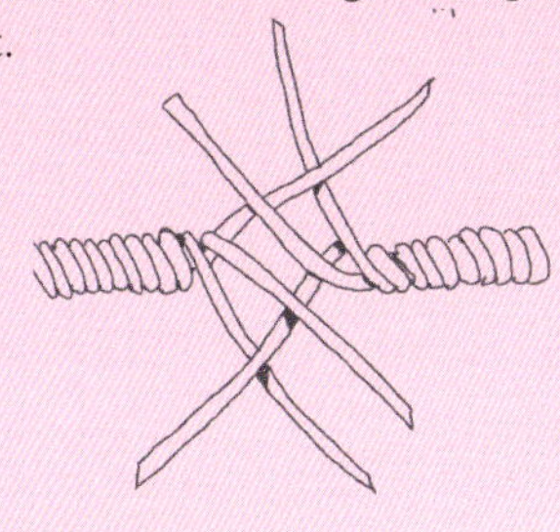

WIE *wird* *aus Wasser Eis*?

Flüssiges Wasser besteht aus winzigen Teilchen, die bei warmen Temperaturen wild umherwuseln. Je kälter es wird, desto langsamer werden die Bewegungen der Wasserteilchen. Ist es null Grad Celsius (Gefrierpunkt) oder kälter, frieren sie ein – aus dem flüssigen Wasser wird festes Eis.

Wasser besteht aus klitzekleinen Teilchen (Molekülen), die wiederum aus noch winzigeren Atomen zusammengesetzt sind. Die Atome werden durch chemische Verbindungen zusammengehalten.
Im flüssigen Zustand sind Wassermoleküle ständig in Bewegung. Sie gehen zwar kurzzeitige Verbindungen ein, verhalten sich aber ansonsten ziemlich chaotisch.
Wenn es kälter wird, werden ihre Bewegungen langsamer und die Moleküle schließen sich enger zusammen. Sie bilden eine Art Gitterstruktur, indem sie feste Plätze einnehmen und zu Eiskristallen zusammenfrieren.

Schon gewusst?!

Frostschutzmittel im Auto sorgen dafür, dass Kühl- oder Scheibenwischwasser nicht gefriert und die dazugehörigen Behälter sprengt. Die Mittel enthalten meist Alkohole, die den Gefrierpunkt des Wassers herabsetzen.

ACHTUNG

Nicht zu früh aufs Eis!

- Viele Gemeinden und Städte geben ihre Seen frei, wenn die Eisdecke mindestens 15 Zentimeter dick ist. Trotzdem birgt das Betreten einer Eisfläche immer ein gewisses Risiko!
- Trügerisch ist Schnee auf dem Eis: Er kühlt das Eis nicht, sondern isoliert es gegen die kalte Luft. Das Gewässer friert also langsamer zu. Besonders aufpassen müsst ihr auch unter Brücken oder überhängenden Bäumen, weil es da oft wärmer ist.
- Vorsicht bei fließenden Gewässern: Dort ist Sauerstoff im Eis eingeschlossen, was es löchrig (porös) macht. Dadurch bricht es leichter. Eine Luftschicht unter der Eisdecke kann die Tragfähigkeit zusätzlich verringern.
- Relativ ungefährlich ist Schlittschuhlaufen auf flachen, stehtiefen Gewässern. Geflutete Wiesen bieten schon nach wenigen Tagen Dauerfrost ein sicheres Eisvergnügen.

Eiswürfel-Versuch

Wie sich die Ausdehnung von Wasser in den verschiedenen Zuständen verändert, könnt ihr selbst genau beobachten. Dafür legt ihr zwei bis drei Eiswürfel in ein Glas und füllt es bis an den Rand mit Wasser. Nun seht ihr, dass die Eiswürfel – wie die Eisschollen auf dem Meer – oben schwimmen und über den Rand des Glases hinausragen. Wenn das Eis geschmolzen ist, werdet ihr feststellen, dass sich weniger Wasser im Glas befindet als vorher – sein Platzbedarf nimmt im flüssigen Zustand also ab!

WARUM *platzt die Wasserflasche, wenn sie gefriert* ?

Dass die Glasflasche mit Mineralwasser zerspringt, wenn ihr Inhalt einfriert, liegt an einer besonderen Eigenschaft des Wassers: Wenn es abkühlt, nimmt es mehr Raum ein. Es dehnt sich aus, wodurch es auch etwas „leichter" (weniger dicht) wird. Deshalb schwimmen selbst riesige Eisschollen auf dem Meer oben. Darin unterscheidet sich Wasser von allen anderen Flüssigkeiten.

Für das Leben auf der Erde ist es wichtig, dass Wasser sich beim Gefrieren ausdehnt. Wenn Eis nicht weniger dicht wäre als Wasser und nicht oben schwimmen würde, würden unsere Seen und Ozeane von unten nach oben gefrieren. Die Folge: Tiere und Pflanzen könnten dort nicht überleben. Doch ebenso wie das Eis ist sehr kaltes Wasser ein wenig „leichter" als warmes und steigt nach oben – so auch in einem Gewässer im Winter. Während es von der Oberfläche her gefriert, sinkt das das wärmere Wasser nach unten ab. So bilden sich im Laufe des Winters mehrere Wasserschichten mit unterschiedlichen Temperaturen. Mit zunehmender Tiefe wird das Wasser immer etwas wärmer. Die unterste Schicht misst aber stets vier Grad Celsius, da Wasser bei dieser Temperatur die größte Dichte hat und zu Boden sinkt. Das ist zwar noch immer ziemlich kalt, aber für Fische und andere Wassertiere reicht es, um nicht zu erfrieren.

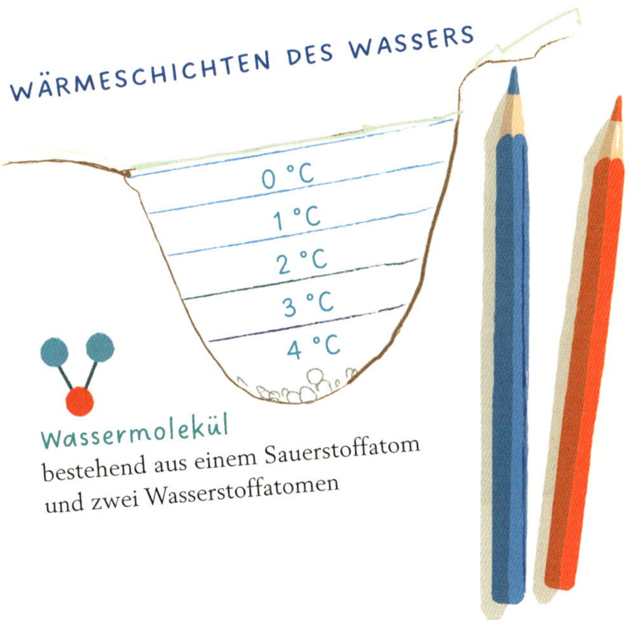

Wassermolekül
bestehend aus einem Sauerstoffatom und zwei Wasserstoffatomen

Die spannendsten FESTE ZUR WINTERZEIT weltweit

Für viele von uns ist der Winter fest mit der Weihnachtszeit und ihren Feierlichkeiten verknüpft. Auf der ganzen Welt gibt es für die Menschen in der Winterzeit aber noch viel mehr gute Gründe zu feiern – mit oder ohne religiösen Hintergrund.

Hanukkah (auch: Chanukkah/Chanukka)

WO? In jüdischen Glaubensgemeinschaften auf der ganzen Welt
WANN? Achttägiges Fest im November oder Dezember
WIE? Wird meist mit der Familie oder im Freundeskreis gefeiert und erinnert an die Befreiung und Wiedereinweihung des jüdischen Tempels in Jerusalem. Es ist auch als „Jüdisches Lichterfest" bekannt, während dessen jeden Abend eine Kerze an einem Leuchter mit acht Kerzen angezündet wird, sodass am letzten Abend alle acht Lichter brennen. Außerdem werden Lieder gesungen, ein traditionelles Spiel namens „Dreidel" gespielt, Segenssprüche aufgesagt und gut gegessen.

Bodhi-Tag

WO? In buddhistischen Glaubensgemeinschaften weltweit
WANN? Am 8. Tag des 12. Mondes (chinesischer Kalender) bzw. am 8. Dezember (in Japan)
WIE? Am Bodhi-Tag feiern die Menschen die Erleuchtung von Siddhartha Gautama (Buddha), dem Begründer des Buddhismus. Sie bildete die Grundlage für die buddhistische Lehre vom Frieden und vom Ende allen Leidens. Der Tag wird im Stillen begangen. Viele Menschen verbringen ihn mit Meditation, manche besuchen Stupas (Denkmäler). Damit erneuern sie jährlich ihre Hingabe an den Buddhismus. Einige schmücken einen Ficus, den Bodhi-Baum, mit Perlen und bunten Lichtern.

Kwanzaa

WO? In afroamerikanischen Gemeinschaften in der USA
WANN? 26. Dezember bis 1. Januar
WIE? Kulturelles, nicht religiöses Fest, das in den 1960er-Jahren vom Bürgerrechtsaktivisten Maulana Karenga ins Leben gerufen wurde und verschiedene Zeremonien afrikanischer Erntefeste vereinigt. In den sieben Nächten der Kwanzaa-Feier werden sieben Kerzen entzündet: drei rote, die für Kampf stehen, drei grüne für die Hoffnung und eine schwarze für die Menschen. Jeder Tag steht unter einem bestimmten Thema, zum Beispiel Einheit oder Selbstbestimmung.

Diwali
(auch: Dipavali)

WO? Indien, Sri Lanka, Nepal und in anderen vom hinduistischen Glauben geprägten Ländern
WANN? Mehrere Tage, meist im November
WIE? Ist auch als „Hinduistisches Lichterfest“ bekannt und im Hinduismus ähnlich bedeutend wie Weihnachten im Christentum. Gefeiert wird der Sieg von Gut über Böse, von Wahrheit über Lüge und Leben über Tod. Während Diwali werden Kerzen und Öllampen angezündet, Feuerwerke abgebrannt und es gibt farbenfrohe Dekorationen.

Weihnachten

WO? In christlichen Glaubensgemeinschaften, aber auch bei vielen nichtreligiösen Menschen weltweit
WANN? 24. (Heiligabend) und 25. bis 26. Dezember (Weihnachtstage) mit vorangehender Adventszeit
WIE? Weihnachten verbringen viele mit der Familie, oft gibt es Geschenke und gutes Essen. Gläubige Menschen besuchen oft den Gottesdienst und feiern die Geburt von Jesus Christus, Gottes Sohn. Je nach Land gibt es zu Weihnachten verschiedene Bräuche und Traditionen. In Deutschland und anderen europäischen Ländern ist der wichtigste Tag meist der Heiligabend mit der Bescherung, während beispielsweise in den USA die Feierlichkeiten erst am ersten Weihnachtstag so richtig beginnen.

Wintersonnenwende

WO? In Nordeuropa (Julfest), China / Taiwan / Japan / Korea / Vietnam (Dongzhi), Afghanistan / Iran / Tadschikistan (Yalda)
WANN? Um den 21. Dezember
WIE? Die Wintersonnenwende (je nach Jahr zwischen dem 20. und 23. Dezember) ist der kürzeste Tag und damit die längste Nacht des Jahres. Danach werden die Tage wieder länger – und das feiern viele Menschen: Beim skandinavischen Julfest wird der Beginn der wärmeren und helleren Jahreszeit gefeiert. Das nicht religiöse Fest ist heute oft eng mit Weihnachten verknüpft und gilt mitunter sogar als dessen Vorläufer. Das Dongzhi-Festival dient der Verehrung des Himmels und der Ahnen. Dafür kommen die Menschen meist mit der Familie zusammen und es gibt ein Festessen. Beim Yalda-Fest feiern die Menschen den Triumph des Sonnengottes über die Dunkelheit mit dem Entzünden von Feuern, gemeinsamem Essen und dem Lesen von Gedichten. Dadurch, dass sie sie mit Freunden und Freundinnen und der Familie verbringen, schützen sich die Menschen vor der längsten und dunkelsten Nacht des Jahres.

Was ist Religion?

Der Begriff Religion kommt vom lateinischen Wort „religio“, was ins Deutsche unter anderem mit „Gottesfurcht“ und „Glaube“ übersetzt werden kann. Religiöse Menschen glauben an eine außermenschliche, höher stehende Macht oder Kraft, zum Beispiel einen Gott, und richten ihr Handeln nach ihrem Glauben aus. Ihre Religion hilft ihnen, die Welt besser zu verstehen und ihren Lebensweg zu finden. Dabei schließen sie sich zu einzelnen Glaubensgemeinschaften zusammen – den Religionen.

Es gibt fünf große Weltreligionen: das Christentum, den Islam, den Buddhismus, den Hinduismus und das Judentum. Daneben gibt es etliche weitere Religions- und Glaubensgruppen. Viele Menschen leben auch ohne Religion. Im Laufe der Geschichte gab es zwischen verschiedenen religiösen Gruppen immer wieder heftige Auseinandersetzungen und blutige Kriege.
In Deutschland ist es heute im Grundgesetz verankert, dass jeder Mensch glauben darf, was er möchte (Religionsfreiheit). Trotzdem werden auf der Welt immer noch viele Menschen aufgrund ihres Glaubens verfolgt oder ausgegrenzt.

Mein Frühling

Beobachtungsbogen von _______________

Frühlingsboten:
Wann blüht das/die erste …?

	Jan	Feb	März	Apr	Mai
Hasel					
Krokus					
Schneeglöckchen					

Wann fliegt der/die erste …?

	Jan	Feb	März	Apr	Mai
Biene					
Schmetterling					
Hummel					

Welche Zugvögel sind schon da?

	Jan	Feb	März	Apr	Mai
Kranich					
Storch					
Haus-/Gartenrotschwanz					
Star					

Wie ist das Wetter?

	Feb	März	Apr	Mai

Wie warm ist es?

	Feb	März	Apr	Mai
0–5 °C				
5–10 °C				
10–15 °C				
15–20 °C				
>20 °C				

Danach riecht mein Frühling:

Laub und Erde	
frisch gemähtes Gras	
Blumen & Blüten	
Grill	

Tierschutz-Checkliste

Vögel gefüttert	
Kost und Logis für Insekten	
Fröschen über die Straße geholfen	

Das mag ich am Frühling am liebsten:

Mein Sommer

Beobachtungsbogen von _______________

Schmetterlingssichtungen:

- [ ] Zitronenfalter
- [ ] Tagpfauenauge
- [ ] Admiral
- [ ] Hauhechel-Bläuling
- [ ] Schwalbenschwanz
- [ ] Kohlweißling
- [ ]
- [ ]

Versuch: Welche Farben mögen Insekten?

	Rot	Gelb	Grün	Blau	Orange	Weiß
Fliege						
Käfer						
Mücke						
Wespe						
Biene						
Schmetterling						

Das habe ich geerntet:

- [ ] Erdbeeren
- [ ] Himbeeren
- [ ] Brombeeren
- [ ] Tomaten
- [ ] Gurken
- [ ] Äpfel
- [ ]
- [ ]
- [ ]

Wie ist das Wetter?

	Juni	Juli	Aug

Wie warm ist es?

	Juni	Juli	Aug
10–15 °C			
15–20 °C			
20–25 °C			
25–30 °C			
>30 °C			

Sommer-To-do-Liste

- [ ] Eis essen
- [ ] im See/Meer baden
- [ ] Sternschnuppen gucken
- [ ] Müll sammeln
- [ ]
- [ ]

Aua, ich wurde gestochen von:

... einer Biene	
... einer Wespe	
... einer Zecke	

Das mag ich am Sommer am liebsten:

Mein Herbst

Beobachtungsbogen von ____________________

Das mache ich im Herbst:

Apfelkuchen backen/essen	
Eicheln und Kastanien sammeln	
im Laub spielen	
Dämmerungs-Modenschau	
Pfützenspringen	
Kürbislaterne basteln	
Schnitzführerschein	

Wie ist das Wetter?

	Sep	Okt	Nov

Wie warm ist es?

	Sep	Okt	Nov
5–10 °C			
10–15 °C			
15–20 °C			
20–25 °C			
25–30 °C			

Zugvogel-Sichtungen

Gans	
Kranich	
Storch	
Star	

Das habe ich geerntet:

	Äpfel
	Birnen
	Weintrauben
	Kartoffeln
	Kohl
	Kürbis

Das mag ich am Herbst am liebsten:

Schnitzführerschein

Foto

____
Name

hat großes Geschick beim Schnitzen bewiesen und kann nachweislich …

- mit einem Schnitzmesser umgehen
- das Werkzeug selbst holen und korrekt wieder verstauen
- und beim Werken die Tipps zur Sicherheit für sich und andere umsetzen.

Meisterstück: ____________________

____
Ort, Datum und Unterschrift des Prüfers/der Prüferin

Mein Winter

Beobachtungsbogen von _ _ _ _ _ _ _ _ _ _ _ _ _ _ _

Winter in Zahlen:

So viele …

Maulwurfshügel habe ich gezählt:	
Zapfen habe ich gesammelt:	
Winterblüher habe ich entdeckt:	
verschiedene Vogelarten kommen zur Futterstelle:	

Winter-To-do-Liste

- [ ] Vogelfutter selbst machen
- [ ] Wintergemüse ernten
- [ ] Kakao mit Sahne trinken
- [ ] Plätzchen backen
- [ ] Schlitten fahren
- [ ] Schneemann bauen
- [ ]
- [ ]

Diese Spuren habe ich entdeckt:

- [ ] Wildschwein
- [ ] Feldhase/Wildkaninchen
- [ ] Reh
- [ ] Fuchs
- [ ] Eichhörnchen
- [ ] Vogel
- [ ]
- [ ]

Wie ist das Wetter?

	Dez	Jan	Feb

Wie warm ist es?

	Dez	Jan	Feb
<-5° C			
-5-0°C			
0-5°C			
5-10°C			
10-15°C			

Das mag ich am Winter am liebsten:

Alle Beobachtungsbögen findet ihr hier zum Download:

Ein großes DANKESCHÖN geht an ...

- unsere fachlichen Korrekturleserinnen und Korrekturleser: Norbert Biß, Wald- und Naturpädagoge sowie zertifizierter Natur- und Landschaftsführer; Annica Spieß, Biologin; Dr. Kristina Steffen, Biologin im Projekt Blütenbunt-Insektenreich (www.insektenreich-sh.de) beim Deutschen Verband für Landschaftspflege (DVL); Sebastian Wache, Diplom-Meteorologe bei der WetterWelt (www.wetterwelt.de); Sönke Harders, Landwirt vom Weidefleisch-Hof Harders (www.weidefleisch-harders.de); Nicola Herzberg-Augenstein, Chemikerin; Dr. Timo Augenstein, Chemiker und Radsportler; Henning Biß, Maschinenbauingenieur; Rasmus Teege, Rettungsschwimmer und Jugendfeuerwehrwart; Florian Brandt, Religionslehrer; Fabian Witthoff, Arzt; Josephine Apraku, Afrikawissenschaftlerin und Sensitivity Readerin – danke für die fachkundige Unterstützung und die Fun-Facts am Rande
- unsere Lektorin Caroline Jacobi, die dieses Buch möglich gemacht hat – danke für deine Begeisterung und deine Geduld in Sachen Abgabeterminen
- alle ehemaligen Autorinnen und Autoren des WARUM!-Magazins (www.warum-magazin.de), die mit ihren Ideen und Recherchen wertvolle Vorarbeit geleistet haben
- unsere Grafikerin Kerstin Schürmann von formlabor, die sich mit uns auf dieses Buch eingelassen hat – zum Glück, bevor sie absehen konnte, wie viel Arbeit auf sie zukommt: danke vor allem für die Umsetzung all der kleinen, feinen Details und die großartigen Textkästen
- Annas Freundin Nicole für das Spiel „Spürnase“, mit dem wir als Kinder im Garten immer so viel Spaß hatten – und jetzt hoffentlich auch ihr!
- Annas Mann Henning, der nicht nur meint, alles besser zu wissen, sondern (leider und zum Glück) wirklich fast alles weiß und ihr beim Schreiben oft den Rücken frei gehalten hat
- unsere Kinder, die uns mit ihrem aufmerksamen Blick und ihren unzähligen Fragen für viele Dinge erst die Augen öffnen
- die Natur für all ihre wunderbaren Besonderheiten, ihre Erlebniswelten und ihre Widerstandskraft
- alle, die aktiven Natur- und Klimaschutz betreiben
- euch, die ihr euch auf dieses Buch eingelassen habt!

HAFTUNGSAUSSCHLUSS

Das Werken mit Messern, Sägen, Kochplatten und anderen Werkzeugen birgt gewisse Risiken. Der Verlag und die Autorin übernehmen keine Verantwortung für eventuell entstehende Verletzungen oder Schäden. Eine Haftung für Personen-, Sach- und Vermögensschäden ist ausgeschlossen.

Bei Aktivitäten in der Natur sind die jeweiligen Bestimmungen des Natur-, Pflanzen- und Tierschutzes sowie die geltende Waffengesetzgebung zu beachten.

Dieses Buch enthält Empfehlungen (Links) zu Webseiten Dritter, auf deren Inhalte wir keinen Einfluss haben. Für die Aktualität und Richtigkeit der auf den Webseiten zur Verfügung gestellten Inhalte können wir keine Gewähr übernehmen. Für die Inhalte der Webseiten ist stets der jeweilige Anbieter oder Betreiber der Seite verantwortlich. Zur Zeit des Drucks waren keine rechtlichen Verstöße erkennbar.

Wir produzieren nachhaltig
- Klimaneutrales Produkt
- Papiere aus nachhaltigen und kontrollierten Quellen
- Hergestellt in Europa

FSC www.fsc.org MIX Papier | Fördert gute Waldnutzung FSC® C018236

IMPRESSUM

Völckersstraße 14–20, 22765 Hamburg

Text Anna Biß, WARUM!-Magazin
Illustration Tim Möller-Kaya
Redaktion Caroline Jacobi
Gestaltung und Satz Kerstin Schürmann, formlabor
Produktionsmanagement Anja Bergmann

WWW.CARLSEN.DE